물밑에 달이 열릴 때

물밑에 달이 열릴 때

김선우 산문집

창비

책머리에

　내 누이는 나에게 스물아홉을 건너기 전에는 첫시집을 묶지 말라고 했다.
　스물아홉. 그녀에게, 나에게, 비탈에 선 낱낱의 나무들에게, 꽉 찬 열을 향해 가는 가파른 고갯길인 그 아홉은 어떤 의미였을까. 열아홉에 대관령이 아팠고 스물아홉에 침묵한 바다가 아팠다.
　그 스물아홉부터 느리게, 머뭇머뭇거리면서 이 글들을 쓰기 시작했다. 어떤 의미의 통과제의 같은 것이었을까. 시로 풀어내기엔 너무 습습하거나 닳든 것들, 혹은 너무 메마른 것들의 나신을 벌판 쪽으로 밀어올려야 했던 것 같다. 그렇게 나는 기록하고 싶었을 것이다. 내 청춘이 내 의식에 남긴 빛과 그림자의 환한 구멍들에 대해. 그리고 나는 내 벗은 영혼을 심문하고 싶었을 것이다. 나와 우리의 자유, 나와 우리의 평화는 어떤 속삭임으로 영접되어야 하는가에 대해.
　누구나 스물아홉의 강을 건넌다, 건너왔다. 누구나 '홀로' 스물아홉의 강을 건넌다, 건너왔다. 홀로 건널 수밖에 없는 강이므

로 이 글쓰기가 헛된 것만은 아니었다는 위로를 서른을 훌쩍 넘긴 지금 나에게 선물한다. 내가 나 자신을 이해해가는 과정의 편린들이며 내가 당신과 만날 수 있기를 열망한 소망의 흔적들. 그리고 이제야, 간신히, 나는 나의 운명을 사랑할 줄 알게 된 것이며 운명을 반역하는 운명이 모든 삶의 틈새에서 어떻게 스스로의 호흡을 여닫는지 들여다볼 그림자 하나를 지니게 된 것이다.

목숨이 허락된다면, 또다른 아홉 즈음에 이르러 나는 또 느리게, 머뭇머뭇거리면서 어떤 통과제의의 기록을 남기고 있을지 모르겠다.

어쨌거나, 내가 사랑한 늙은 나무에게, 자신의 주름 속에서 날마다 젊어지는 바람에게 물에게, 이 글들이 욕된 것이 아니기를.

여리고 귀하고 눈물겨운 것들, 내가 사랑한 당신들께, 산 것들의 위대한 남루 앞에 이 책을 바친다.

2002년 3월 김선우

차례

책머리에 004

1

바람에게 길을 묻다 011
위험한, 아름다운, 하계로 유배온 여자의 노래 022
귀래에서 달을 보다 043
순간, 숨, 프시케 068
환하게 빛나는 저 겨울 나뭇가지 078
죽은 나무를 심다 093

2

육체, 연옥의 문 115
저자에서 관음을 만나다 127
붉은 시편들 142
검은 꽃 이야기 163
구름의 문에서 무늬를 얻다 169
폐허 이야기 181
고갯마루에서 마음을 내어말리다 196

3

만지기 위한 책 209

신성한 야만 212

침묵해요, 당신의 말을 들을 수 있도록 215

꽃병 속의 화엄 218

생의 매순간은 생의 전부이다 221

사랑을 하러 나는 날마다 이 별로 온다 224

상처의 환생 227

열린 정신들 230

고치를 뚫고 나오는 나비처럼 233

그리고 우리는 돌아간다 236

불꽃의 혀 239

거미야, 거미야 242

괴로운 책읽기 245

바람에게 길을 묻다

출행길의 동쪽바다는 약간 흐렸습니다. 너무 어둡지도 너무 밝지도 않은 정오의 파도를 헤치며 배가 뭍으로부터 멀어져갈 때, 나는 문득 진저리치는 어떤 짐승의 제 속으로만 받아안는 숨소리를 들은 듯합니다. 그것은 내밀한 물살을 갈기처럼 치켜올린 동해의 숨소리인 것도 같고 납작하게 엎드린 채 멀리 난바다로 떠나는 한 척의 배를 가만히 응시하는 뭍의 숨소리인 것도 같습니다. 배의 앞머리에 웅크린 내 몸을 흔들어오는 숨소리들, 그 여러 빛깔의 숨소리를 가만가만 짚어가다가 나는 멀미를 하고 말았습니다. 뱃길이라면 어지간히 다녀본 터라 멀미야 하겠냐고 내심 자신하고 있었는데, 동쪽바다를 세 시간이나 헤쳐가야 만날 수 있는 울릉도는 출행길부터 나에게 예사롭지 않은 주술을 걸어오고 있는 셈. 하긴 서른이 넘도록 나는 이 땅의 여러 곳을 떠돌았으나 유독 동쪽 끝에 있는 이 섬만은 엄두를 내지 못하고 에돌아가곤 했습니다. 어린날 내 고향바다의 모래사장에 앉아 하염없이 바라보던 수평선 저 끝에 율도국처럼 떠 있을 것 같던 섬. 그립고, 그리워서, 자꾸만 에돌아가게 되는.

바람에게 길을 묻다

도동 항구에 내립니다. 훅, 전신으로 끼쳐오는 바람. 바닷길 내내 마음의 오장육부를 드나들던 숨소리가, 징글징글하고 사무치게 뼛속을 밝히던 숨소리가 놀랍게도 일시에 화르륵 걷힙니다. 육지로부터 따라온 숨소리를 마술처럼 걷어내며 내 온몸에 가득 들어서는 바람. 손끝, 발끝, 머리카락 한올에 이르기까지 온몸 구석구석에서 소용돌이치며 이 섬의 바람이 내 몸을 허공에 띄웁니다. 돌연 나는 인간의 말을 배우지 않은 어린아이처럼 천진해지고, 말의 문법을 버린 야인처럼 자유로워집니다.

바람 속에서, 나는 문득 중얼거립니다. "나는 아무것도 원하지 않는다. 나는 아무것도 두려워하지 않는다. 나는 자유." 항구에 발을 디디는 순간 카잔차키스의 묘비명이 문득 떠올라온 것은, 그것이 카잔차키스의 말이기 이전에 바람의 말이었기 때문일 것입니다. 모든 것을 상대로 자신을 던지며 사랑하고 괴로워하고 싸우는 바람. 그러면서 점점 투명해지고 점점 더 가벼워져서 저 단단한 섬대나무의 속살에까지 스며드는 바람. 스며들었다가 어느 순간 유쾌하게 폭발하며 나무들을 가볍게 띄워올리는 바람. 나는 그리스인이기 이전에 크레타인이다,라고 말하는 카잔차키스의 마음을 이 섬에 와서 비로소 알 것 같습니다. 카잔차키스가 사랑했던 크레타 섬에도, 오로지 이 섬의 것이다,라고밖에는 말할 수 없는 바람이 있었을 것이라고.

 울릉도의 바람. 그것은 이 섬의 모든 귀퉁이로부터 자신의 길을 엽니다. 그 바람은 오각형의 단단한 별을 닮은 이 섬이 처음 빚어질 때, 그러니까 한 이천오백만년 전쯤 신생대의 어느 시기에 바닷속에만 갇혀 있기가 지루해진 바람족(族)들이 한바탕 축제를 벌이듯 와글거리며 바닷속 깊은 곳으로부터 화산을 터뜨려 올렸을 그때부터 한번도 이 섬을 떠나지 않은 듯한 바람입니다. 그것은 아름답게 늙어가고 있는 바람이며 늙으면서 날마다 젊어지는 바람입니다. 천개의 손과 천개의 눈으로 바닷속으로부터 솟구쳐오른 자신의 몸 구석구석을 쓰다듬고 들여다보며 환희에 젖는 아름다운 관능의 바람입니다. 그러니 먼 훗날, 이 섬이 당신을 불러 무연히 이곳에 발디디게 되었을 때, 지도나 관광안내판 앞에서 서성거리지는 마세요. 다만 온몸의 구멍들을 활짝 열어놓고 바람에게 길을 물으세요. 마음이 갈피를 잃고 부대끼는 가슴뼈 깊숙한 곳으로부터 귓불의 미세한 솜털들까지 바람 속에 나부끼게 그저 놓아두십시오. 다만 그렇게 바람이 이끄는 대로 걸어가다보면 어느 순간, 당신은 저동항에 있을 것이고 내수전 밤바다에, 천부와 황토구미에, 나리분지와 성인봉 꼭대기에 있게 될 것입니다.

정주한, 그리하여
아름다운 유목의 풍경

저동항에 숙소를 잡았습니다. 주로 여객선이 들고나는 도동항 근처가 이 섬의 행정 중심지인데 비해 저동항은 고깃배들이 들고나는 어항입니다. 이 섬을 통틀어 가장 번화한 도동이 관광객들로 붐비는 데 비해 저동은 이 섬의 붙박이 주민들의 생활의 냄새가 짙은 곳입니다. 숙소를 잡아놓고 항구로 나오니 오징어잡이배가 빼곡하게 들어찬 흥성거리는 부둣가에서 사람들이 고등어를 낚고 있습니다. 더러 낚싯대를 드리우기도 했지만 낚싯대 없이 줄만 드리우고 고등어를 낚아올리기도 합니다. 고등어라니! 낚시를 좋아하는 사람들이 배낚시를 나가 고등어를 낚기도 한다는 말은 들었어도 부두에 옹기종기 앉아 고등어를 낚는 모습은 난생 처음입니다. 부두 아래를 내려다보니 찰방이는 맑은 바닷물 속에서 물고기 그림자가 날렵하게 어른거리는 게 보입니다. 세상에, 그렇지! 여기는 동해 한가운데지! 내가 하도 신기해하니까 이 섬에서 태어나고 자랐다는 스물아홉살의 청년이 선량하고 천진한 웃음을 함빡 머금으며 덧붙입니다. "작년엔 이 무렵에 방어떼가 왔었어요." 작년엔 방어떼가 왔다. 그리고 올해는 고등어떼가 왔다…… 이 말은 어떤 알싸한 그리움 같은 것을 건드리는 것이어서 나는 속말로 자꾸만 중얼거려봅니다. 그들이 왔다…… 무엇이 그들을 부른 것일까. 꽃내음뿐만 아니라 자디잔 잎사귀와 줄기에서까지 몸 전체로 향기를 뿜어내는 섬백리향의 향내가 그들을 불렀을까. 그렁그렁해진 외로움 때문에? 그들이 왔다…… 누가 그들을 보냈을까. 예전에 내 어머니는, 그리고 내 할머니는 곧잘 이런 말씀을 하시곤 했습니다. 윗밭 둔덕에 나생이를 가득 보내셨더라. 산탈에 꾀꼬리버섯을 지천으로 보내셨더라. 그런 말들은 이를테면 첫눈이 오셨다, 비님이 오신다,라는 말들처럼 인간이 깃들여 사는 자연에 대한 지극한 공경이 자연스레 묻어나는 말들이었지요. 어릴 적엔 그 말의 뉘앙스가 그토록 소중한 것인지를 잘 알지 못했습니다. 세월이 흐르고, 자연에 깃들여 있을 때 아름다웠던 사람살이가 스스로의 방종으로 인하여 파국을 향해 가는 세태 속에서 이 말들은 내게 간절한 그리움을 동반하게 하였습니다. 내년엔 또 무엇이 올까요. 우리가 미처 셈할 수 없는 어떤 섭리가 무엇인가를 이 섬에 보낼 것입니다. 어머니 자연이 우리에게 보내는 것들을 감사하고 공경할 줄 아는 이들이 여전히 존재하는 한에서 말이지요.

흔히들 섬을 일컬을 때 고립과 고독을 먼저 떠올리곤 합니다. 나는 이 섬에서 지극히 고독해진 땅의 지극한 풍요로움을 만납니다. 나는 떠돌면서 유목을 꿈꾸는 자이지만 이 섬의 사람들은 동해의 고도에 정주(定住)해 있으면서 이미 아름다운 유목민들입니다. 철따라 다른 이름의 바다생물들이 찾아들고 울릉국화 울릉양지꽃 섬노루귀 섬현호색 섬백리향 섬바디 섬말나리꽃이 철따라 피어납니다. 울릉도말고는 다른 어느 곳에도 없는 자생식물이 마흔일곱 가지나 된다는군요. 봄이면 명이나물 취나물 참나물 등 온갖 산나물과 약초들이 지천인 산에는 향나무 솔송나무 너도밤나무 섬개야광나무 섬잣나무 동백나무 섬댕강나무들이 철따라 다른 빛깔의 수액을 뿜어올릴 터. 시시각각 변하는 산빛과 바닷빛과 하늘빛과 바람의 빛깔을 이윽히 바라만 보아도 유목의 나날은 흥성스러울 듯합니다.

항아와 놀다

　　　　　　　　　　나리분지를 지납니다. 이 섬이 저 깊은 바다밑으로부터 자신을 터뜨려 올렸을 때 폭발한 화산의 꼭지점이 있던 자리. 이른바 칼데라 화구인 나리분지는 깊은 경사를 지닌 이 섬의 유일한 평지입니다. 이곳을 지나면서 나는 우리가 흔히 아기냄새라고 부르는, 어린 젖먹이에게서 나는 냄새를 바람 속에서 맡습니다. 글쎄요. 향긋하면서도 비릿한, 비릿하지만 축축하지는 않은 냄새의 질감은 기억할 수 없는 어떤 향수를 자아냅니다. 그 냄새의 근원이 나리동 어딘가에 자생한다는 섬백리향 군락이나 울릉국화 군락이 간직한 냄새일지도 모르겠습니다. 혹은 너와집과 투막집의 앞섶으로 아득하게 펼쳐진 달맞이꽃들의 향기인지도. 시들어가고 있는 섬말나리꽃은 꽃진 자리에 작고 단단한 머루알 같은 씨앗을 촘촘히 매달고 있습니다. 혹, 그 씨앗들이 풍기는 향기? 낱낱이 하나의 별인 그 씨앗들의?

　아득한 옛날 분화구였던 이곳을 지나면서 아마도 나리분지가 가장 아름다울 때는 달밤일 거라고 나는 막연히 생각합니다. 신생대 어느 시기에 분화구였던 이곳과 보름에 가까워진 달의 어느 분화구가 막 조우했을 때, 달에서 지구를 그리워하며 지구에서의 환생을 꿈꾸던 어느 달생물이 그 소망의 간절함으로 빚어낸 식물이 백리향이 아니었을까. 우주를 가로질러오기에 언어는 너무 무겁고 날카로워서, 그 마음 그대로를 다만 향기로 실어보낸 것이 백리를 넘어 퍼진다는 향이 아니었을까. 혹은, 이 분지에 여전히 배어 있는 달큰하면서도 조금은 쓸쓸한 듯한 이 아련한 냄새가 아니었을까.

　냄새의 흔적 속에 아득해지는 나의 몽상은 달의 여신인 항아를 너와집 마당으로 불러내립니다. 항아의 옷자락이 쓸고 지나간 자리에 펼쳐진 달맞이꽃밭을 날이 새도록 춤추며 거닙니다. 새벽이 오고, 항아는 달궁으로 돌아가고, 나는 너와집으로 들어와 새벽 단잠을 청합니다. 달빛에 끌어당겨진 바닷물이 조금씩 놓여나며 철벙이는 소리, 후박나무에 깃들여 단잠을 잔 흑비둘기들이 모이를 찾아나서는 소리, 성인봉 꼭대기에서 봉우리를 품어주었던 바람이 새벽기침을 하며 능선을 내려오는 소리를 꿈결로 들으면서…… 넉넉한 투막집 안은 여름에는 선선하고 겨울에는 따스할 터. 통나무를 엇걸어 쌓아올린 우물 정(井)자의 벽에 흙을 바르고 지붕에는 적송 널판으로 너와를 잇고 처마에 맞춤하여 새를 엮은 울타리인 우데기를 두른 너와집 속은 자연의 질료들이 그 각각의 가장 자연스러운 맥박을 그대로 간직하고 있습니다. 시쳇말로 하자면 이중으로 단열처리를 한 셈이니 눈이 많은 이 섬의 한겨울에 지붕까지 흰눈이 차올라와도 항아를 맞아 노닐기에는 충분히 따스할 것만 같습니다.

시원의 숲

　　　　　　　　　　　나리분지를 지나 나는 어느새 성인봉을 오릅니다. 성인봉은 해발 984미터의 봉우리이니 그 아래 종종 구름평야를 거느리는 높은 곳인데, 이상하게도 나는 봉우리에 가까이 오를수록 층층이 깊은 심연으로 내려가고 있다는 느낌을 받습니다. 나는 이곳에서 내가 여지껏 보아온 중 가장 아름다운 나무들을 원없이 만납니다. 저마다 성정과 피부빛과 느낌이 다른 그 아름드리 나무들을 일일이 쓰다듬고 인사해주기에도 한 생이 모자랄 것 같습니다. 이 원시림 속에서 내 호흡은 시간여행을 시작합니다. 머위와 섬고사리와 맥문동과 고비, 1미터가 족히 되는 관중 등속이 짙푸르게 자라 있는 나무 밑동으로 입자가 만져질 것 같은 농밀한 안개가 피어오르고 쏴아쏴아— 물결치는 소리를 내며 나무들이 흔들립니다. 붉은 마가목 열매가 오리나무 가지 사이를 맵시나게 통과하면서 공작고사리 잎사귀 위에 사그락 탁, 소리를 내며 떨어집니다. 울창한 나무 그늘로 인해 숲은 적당히 어둑신하고 습윤한 질감의 수액 냄새가 바람에 이리저리 쓸립니다. 잠깐 한눈을 팔면 저만치에서 알을 품고 있던 원시의 날짐승이 날아오를 것도 같습니다. 이곳은 산인데, 그것도 험한 비탈을 가진 봉우리인데, 오를수록 내려가고 있다는 느낌이 강해집니다. 나는 물밑으로 내려가고 봉우리는 내가 내려가고 있는 물밑보다 더 깊은 심연으로부터 서서히 올라오고 있다는 느낌. 그리하여 현실의 성인봉은 그 하강과 상승의 힘이 딱 만나는 지점에서 돌연 위치감을 상실하고 하나의 둥근, 혹은 평평한 숲을—시원의 숲을 이루고 있는 듯합니다. 그 느낌은 아득한 현기증을 동반하면서 또 한번 나를 멀미나게 하였습니다. 정상으로 올라갈수록 흙의 질감이 촉촉해지고, 아름드리 나무들이 무정형으로 얽히며 드러낸 뿌리의 감촉이 발바닥으로 전해져올 때, 나는 그것이 물너울인 양 몇번이나 놀랐습니다. 나는 심호흡을 합니다. 이 섬이 내게 선물하는 비밀들은 도무지 끝이 없을 것 같습니다. 더 있으면 안되겠구나. 더 있으면 돌아가지 못하겠구나. 내 마음이 한 백년쯤 이곳에서 살고 싶어하겠구나.

다시, 바람에게 길을 묻다

문명과 개발의 욕망이 아직은 그 얼굴을 다 드러내지 않은 울릉도는 부족하지도 넘치지도 않는 섬입니다. 그러나 나는 두렵습니다. 자본의 무지막지한 힘이 저 고적한 나리분지를 그대로 두지 않을 것 같아 두렵고, 성인봉이 간직한 원시의 신성을 훼손해버릴까봐 두렵습니다. 벌써 외지인들이 드나드는 번화한 항구 쪽에는 자연의 섭리에 대한 공경을 잃은, 먹고 마시고 소비하는 일에 길들여진 육지의 인간들이 남긴 쓰레기들이 눈에 띄기 시작합니다. 몇천톤의 배가 정박할 수 있는 부두가 만들어진다는 소문, 골프장과 스키장이 만들어진다는 소문, 이런 소문들이 두렵습니다. 벌써 이 섬의 자생식물인 섬개야광나무는 울울한 자취를 찾아보기 힘들게 되었으며 섬백리향 군락지에는 자생하는 백리향들이 조금씩 사라지고 있었습니다. '마지막 이어도'라고 하는, 이 섬의 훼손되지 않은 자연의 비경을 보고자 매년 수많은 사람들이 이곳을 찾아옵니다. 그들이 이곳에서 얻어가야 할 가장 그윽한 것은, 자연의 섭리를 섬기고 그 섬김의 힘으로 스스로 평화로움을 얻는 공경의 마음일 것입니다. 훗날 이 섬이 당신을 부르거든, 온몸으로 파도에 흔들리며 뱃길이 자주 묶이는 작은 배를 타십시오. 그렇게 어렵게, 귀하고 낮은 마음으로 발디뎌야 하는 '섬김'의 땅이기 때문입니다. 그리고 다만, 바람에게 길을 물으십시오.

위험한, 아름다운,
하계로 유배온 여자의 노래

난설헌 생가에서

저물녘 초당 솔숲에 듭니다.

이곳은 작은 반도의 동쪽이니 짜그랑거리던 한낮의 햇살, 그 순금의 고독은 이 시간에 이르러 좀더 유연해지고 의젓해져서 이 별의 중심으로 스며들기 시작합니다. 사그라드는 모닥불의 숯잉걸처럼 빛과 열기를 속으로 받아안으며 대지의 살갗에 또 하루의 문신이 새겨지고, 아득한 갑골문자를 더듬으며 달이 자기의 말을 하기 시작하는 시간. 이 솔숲은 저물녘부터 해뜨기 직전까지의 시간에 가장 아름답습니다. 솔숲이 그 한쪽 섶에 고즈넉하게 허락한 저 고집스러운 고택(古宅)도 함께.

내가 저 고택을 처음 만난 것은 막 열살이 된 무렵, 초등학교 사학년인가 하던 늦봄의 소풍 때였습니다. 그때 우리는 봄, 가을 소풍 중 한번은 초당 솔숲으로 가곤 했지요. 김밥도시락과 삶은 달걀 두 알과 환타로 요약되던 초등학교 시절의 소풍가방은 가방 속을 상상하는 것만으로도 얼마나 즐거운 출행이었는지. 소풍날과 운동회 때에나 맛볼 수 있었던 환타병 속의 오렌지빛 음료는 마셔버리기 아까울 정도로 빛깔이 고왔고, 가방 한켠에 가루약첩처럼 단정하게 접힌 삼각형 흰 종이 안에서 반짝, 하고 빛나던 흰 소금 알갱이들. 나는 무엇보다 그 단정하게 접힌 삼각형 흰 종이가 좋았고 그것이 마치 어머니가 내 존재에 내리는 축복인 양 친구들 앞에서 소중하게 풀어 보이곤 했습니다.

그런데 그날은 가방을 아무리 뒤져봐도 흰 삼각형 소금첩이 보이지 않았습니다. 하필이면 소풍 전날, 우리 가족의 저녁밥상은 둘러엎어졌으며 소풍날의 새벽잠을 설치던 나는 부엌에서 들려오는 달그락거리는 소리와 함께 흐느끼는 엄마의 울음소리를 들어야 했지요. 그날따라 소금 없이 먹는 삶은 달걀은 얼마나 목이 메던지, 급하게 따 마신 환타는 또 얼마나 달콤하던지. 그 또래 아이들이 흔히 그렇듯, 사소해 보이는 어떤 사건에서 출발하여 극도로 비감해진 나는 솔숲을 혼자 거닐다가 우연히 저 고택의 이끼 낀 담장을 발견하게 된 것입니다. 그것은 어떤 특별한 경험, 이를테면 비밀의 화원을 남몰래 들어서는 두려움과 호기심과 환희를 유발했으며 그렇게 나는 당신의 첫 자취와 대면하게 된 셈이지요.

돌담을 끼고 돌다 대문을 들어서 안채를 지나 또다른 작은 문을 통과해 뒤꼍에 이르기까지, 열살배기 아이에게 그 집은 출구와 입구가 분간되지 않는 이상한 정원이었습니다. 대문을 들어서 나선형으로 한바퀴 돌았다 싶은 곳에 작은 정원을 지닌 사랑채가 마치 비밀의 정원 속에 든 가장 이윽한 비밀의 화원처럼 돌연 눈앞에 나타났지요. 아, 설명할 수 없는 기품이 느껴지던 아담한 사랑채 마당에 찬란히 흔들리고 있던 백일홍 꽃그늘! 단단하게 다져진 흙마당에는 군데군데 푸릇한 이끼가 돋아 오래된 청동거울의 표면처럼 비밀스러웠으며, 그 비밀 위에 차마 비밀로 덮어둘 수 없어 나무 한그루로 자라나고 만 어떤 아우성이 그토록 붉게, 그토록 처연하게, 푸른 하늘을 만지며 붉디붉은 꽃자국을 내고 있었습니다.

백일홍 꽃그늘 아래 나는 오래도록 서성였던 것 같습니다. 다른 나무들에 비해 연한 빛깔을 띤 매끄러운 나무껍질 여기저기에 손바닥을 대보고 간질밥을 먹이면서 한참을 놀았지요. 이상하게도 백일홍나무는 줄기의 어떤 부분에 손을 대면 예측할 수 없는 어떤 꽃가지가 흔들리곤 합니다. 또 어떤 부분을 간질이면 예측할 수 없는 또다른 꽃가지가 까르르 흔들리기도 하구요.

(후에 어떤 스님에게서 들은 바에 의하면 손을 대면 반응하는 신경초처럼 백일홍나무도 반응하는 신경을 지니고 있다고 하더군요. 믿거나 말거나지만, 나는 아주 어려서부터 나무들에게도 신경이 있다고 믿는 편이었으니 놀라울 것도 없지요. 개중 백일홍은 특히 예민한 감각을 타고난 편인 듯합니다.) 흔들리는 가지의 어느 붉은 꽃타래 속에서 나는 얼핏 엄마의 터진 입술을 본 것도 같고, 먼 하늘을 감감히 덮어오는 붉고 흰 새들의 깃치는 소리를 들은 것도 같습니다. 그러다가 사랑마루의 매끈매끈하게 손때가 탄 나무기둥에 머리를 기대고 깜빡 잠이 들었지요.

내가 기억할 수 있는 한 가장 평화롭고 완벽한 느낌의 낮잠. 많은 이들은 가장 아름답거나 가장 고통스럽던 기억의 편린으로부터 자기 생의 팔할을 이미 완성합니다. 그리고 그 극단의 추억은 유소년기를 거치면서 흔히 가장 왕성한 에너지로 자신의 무의식에 각인되곤 하지요. 의식하건 그렇지 않건 간에 한 인간의 가장 내밀한 지향, 혹은 내밀한 거부의 근원에는 이 추억의 힘이 있다고 나는 종종 생각합니다. 그것은 로고스로는 도달할 수 없는 세계이며 언어로 표현할 방도가 없는 원체험의 세계이지요. 이를테면 내가 종종 바다를 그리워하여 병을 앓게 되는 것은 내 유년의 어느날—바로 '그' 순간의 기억이 나를 이루는 질료들을 건네오기 때문이라는 것을 나는 알고 있습니다. 간질이며, 아주 오래된, 어쩌면 이미 사라진 부족의 방언을 중얼거리며 내 존재의 근원을 찔러오는 그리움……

　저 고택 사랑마루에서의 낮잠과 백일홍과의 만남이라는 바로 '그' 순간. 그 '순간'은 기우뚱거리며 걸어온 서른 해의 내 삶이 어디로 흘러가야 할(혹은 어디로 흘러가게 될) 것인지를 가늠하게 하는 낮별의 세계이며, 난파되었다고 느끼는 모든 순간들에서 나를 지탱해온 근원의 닻이 되어주곤 합니다. 空(공)으로부터 출발하여 空을 향해 가는, 내게 짐지워진 삶이 궁극적으로 空한 것이라 할지라도 空을 완성해내기 위해 가득 차 있어야 하는 삶의 역설을 견인해낼 수 있는 근원의 힘. 세상에 태어나 내가 얻을 수 있었던 최대의 축복이 어린날의 그 체험의 순간들이었다는 것을 불현듯 깨달을 때가 있습니다.

　시간이 얼마쯤이나 흘렀을까…… 나는 낮잠에서 문득 깨어났습니다. 흙마당이 풍기는 아득한 냄새와 담장 건너 솔숲으로부터 불어오는 솔바람 냄새, 미열처럼 떠도는 희미한 꽃내음…… 해는 이미 한뼘 반쯤이나 기울어 있었습니다. 두고 온 동무들과 소풍날이라는 생각이 돌연 떠오르면서 나는 갑자기 다급해졌고 서둘러 비밀의 정원을 벗어났지요. 어떤 완벽한 현실―꿈으로부터 돌연 추방되었다는 박탈감을 떨치지 못한 상태에서 말입니다. 그 완벽한 낮잠 이후 내가 장주(莊周)의 꿈 이야기를 알게 되었을 때, 내 마음의 스크린에는 이런 영상이 돌아가곤 했습니다. 꿈인, 그러면서 생시인, 어떤 완벽한 낮잠에서 돌연 깨어난

장주. 낮잠에 든 동안의 방심함으로 흐트러진 옷매무새를 채 고치지도 못하고 눈은 반쯤 간신히 뜨고서 평상을 박차고 일어나 맨발로 몹시도 어리둥절하게 마당으로 내려선 장주가 외치는 말. 저, 저, 저, 나비 잡아라! 저, 나비 잡아라! 저, 저, 나비 잡아라!

저 요요한 고택.
사백여년 전 당신이 일찍 죽을 운명을 지니고 세상을 향해 첫 울음을 던진 저 집과 내가 첫인연을 맺은 지 이십여년이 지났습니다. 강릉 초당마을. 난설헌(蘭雪軒) 허초희(許楚姬)의 생가. 솔숲 언저리에 맞춤하게 자리잡은 저 단정한 미음자 고택은 당시의 양반집들이 흔히 그러했을 등등한 기세가 없습니다. 솔숲이 허락하여 내어준 자리에 숲과 하늘을 공경하기 위해 지어진 사당처럼, 아담한 미음자의 담장은 하늘을 향하여는 열려 있으나 인간에 대하여는 완고하게 닫혀 있는 듯도 보입니다.
그 열살 이후, 내성적이고 소심하며 도대체 무엇인가 꼭 되어야겠다는 소년기의 열망도 내 것으로 품지 못하고 머리가 커가던 세월 동안 저 고택을 참 많이도 드나들었습니다. 내가 살던 교동집에서 초당마을까지는 버스를 타고 내려서도 꽤 걸어야 했던 만만치 않은 거리였지만 저 고택은 내게 쉼터가 되어주고 은밀한 기도처가 되어주곤 했지요. 고등학교 3학년 때까지, 청소년기 특유의 감수성이 나를 배회하게 할 때마다 내가 찾곤 하던 곳은 사천, 사근진, 경포, 강문, 안목, 안인진, 정동진으로 이어지는 동해바다였으며, 그런 오후에는 대개 저 고택에서 하릴없이 소일하며 간간이 찾아들던 낮잠으로 보내곤 하였습니다.

그런 날들의 음화 속에는 흔히 부엌에서 혼자 우는 엄마가 있었으며, 결국은 다시 풀게 될 짐을 꾸리고 있는 엄마가 있었고, 항구에서 고기를 받아 시내로 들어오는 버스를 타며 끝끝내 차장에게 내 버스값을 물지 않던 엄마가 있었고, 그 북새통 속에서 울고만 싶었던 내가 있었고, 친구들과 길을 가다 함지박을 이고 지친 모습으로 돌아오는 엄마를 외면한 나에 대한 자책이 있었고, 남자아이를 낳으려다 뒤늦게 나를 낳아 친구들 엄마에 비해 너무 나이가 든 늙은 엄마를 창피해하던 나의 속죄가 있었고, 얼굴도 모르는 큰오빠가 돌연히 죽지 않았다면 내가 태어나지 않았을 거라는 이상한 피에 대한 분노가 있었고, 천신만고 끝에 얻은 남동생에게 돌아가는 유별난 사랑에 대한 질투가 있었고, 피해의식이 있었고……

내가 저 고택의 사랑채로 들어서는 능소화 담장 아래서, 뒤꼍 장독대 밑에서, 말라버린 우물 옆에서, 측간 옆의 고목에 치렁치렁 드리운 늙은 덩굴식물 밑에서, 담장 밖 왕벚나무와 담장 안 백일홍 꽃그늘 아래서 중얼거리던 여러 겹의 아픔들이 비단 나만의 것이 아니었다는 사실을 알아가기까지는 좀더 시간이 흘러야 했습니다. 그 시간 속에서 나는 또한 내 비밀의 화원에서 태어났다는 한 여자에 대해 조금씩 알아가기 시작했지요.

한 여자가 있었느니, 제 이름을 가지지 못한 조선의 여자들 속에서 이름과 자와 호까지 가진 여자가 있었느니, 타고난 재능 때문에 오히려 불행할 수밖에 없었던 여자가 있었느니, 이반의 기질을 가진 가계 안에서는 평등한 지복을 누렸으나 당대의 제도와 관습 속에서 피폐해질 수밖에 없었던 여자가 있었느니, 스물일곱의 나이에 요절한 백설과 난향을 사랑한 여자가 있었느니, 사랑을 소망하였으나 인간의 세상에서 사랑을 얻지 못한 여자가 있었느니, 어머니가 되지 못하였으나 어머니였던 한 여자가 있었느니……

당신을 알아가면서 나는 더러 아프고 연민하고 분노하고 또 더러는 실망하기도 했습니다. 그 여러 겹의 마음이 세월의 베틀 속에서 직조해낸 옷감 한필을, 옷감 속에 촘촘히 스며 있는 어룽거리는 무늬들을 오래 바라봅니다. 그 무늬들 중 가장 아프고 가장 아름다운 몇개를 눈짐작으로 골라내고 나는 속삭입니다. 걸어나와보라고. 떠올라와보라고. 시인은, 과거와 현재와 미래로부터 아름다움의 의지를 발견하려는 자이며 그리하여 고통스러운 자들이지만 그리하여 또한 유쾌한 자들이기 때문입니다.

당신이 노래합니다. 무늬가 떠오릅니다. 나는 그 무늬의 결들 중 가장 아름다운 봉우리 하나를 눈을 감고 만집니다.

구슬꽃은 하늘거리고 파랑새는 나는데
서왕모는 수레 타고 봉래섬으로 가네
흰 봉황 수레에 오색 깃발 휘날리고
붉은 난간에 기대어서 구슬풀을 뜯네
푸른 무지개 치마는 바람에 날리고
구슬 고리와 노리개는 소리를 내며 부딪히는데
흰 옷 입은 선녀들 쌍쌍이 거문고를 뜯고
구슬나무 위에는 봄구름이 향그러워라
동틀 무렵에야 부용각 잔치는 끝나고
푸른 바다의 청동은 흰 학을 탄다네
보랏빛 통소 노랫소리에 무지개가 날리면
이슬 젖은 은하수에는 새벽별이 떨어지네

—「신선세계를 바라보며(望仙謠)」

　자신의 죽음의 때를 알고 죽기 직전, 자신의 모든 시를 불태워버리라고 한 유언에도 불구하고 우여곡절 끝에 남겨진 당신의 시편들에서 가장 흔히 만나게 되는 판타지의 세계. 당신은 마치 선계의 일상을 살다 온—사는 사람처럼 선계를 재현해놓고 있으며 그 선계의 일상은 너무 리얼하여 오히려 그 세계가 환(幻)임을 증거하는 슬픈 역설을 내비치곤 합니다. 두루뭉술하고 낯익은 현실의 어떤 풍경을 스윽, 긋고 들어가 쭈그리고 앉아서 촘촘한 세촉으로 그려내었을 때 그 낯익은 현실세계 속에 숨어 있는 너무나 낯설고 비현실적인 세계를 돌연 발견하게 되는 것처럼 말입니다. 지독히 비현실적이어서 지독한 현실감을 띠게 되는 원더랜드. 그 원더랜드는 그러나 인간의 냄새가 진동하기 시작하는 시간—새벽별이 떨어지고 동이 트고 나면 사라집니다.

사람들은 흔히 당신의 선계 시편들을 일러 현실의 고통을 견인하기 위한 도피처요 위안처였다고들 합니다. 당신이 그려내는 선계는 유토피아요 이상향인 셈이지요. 그렇습니다. 이상향이되, 나는 그 유토피아가 현실로부터 출발하여 동경하게 된 한 번도 가져본 적 없는 꿈의 세계가 아니라 실향민이 고향을 그리워하듯이 원형의 고향인 유토피아로부터 출발하여 하계로 유배 온 자가 부르는 노래라는 생각을 하곤 합니다. 그리하여 그것은 무지개 저편을 꿈꾸는 노래라기보다 실향민의 노래, 유민의 노래라고 말이지요.

당신은 고향—유토피아의 기억을 간직한 자. 사회 경제 문화적인 차별의 차디찬 납골당 주인들인 인간계에 적응하기엔 당신의 기억의 뿌리가 너무 깊은 것이었는지도 모릅니다. 기억의 뿌리—모든 생명 가진 것들의 평등화엄의 세계를 이미 알고 있는 자가 부르는 노래. 당신의 선계에는 혼백과 숨과 교감이 살아 있는 우주만물이 등장합니다. 나는 그 세계를 '어머니 땅'인 고향이라고 부릅니다. 어머니 땅을 이루는 무수한 이름들, 꽃 새 바람 무지개 구름 나무 바다 은하수 별…… 타나토스를 끌어안은 지극한 에로스의 세계인 자연과 우주의 질료들은 엉기고 간질이며 속삭이고 상승하며 하강하면서 환(環)을 이루고 그것은 물질적 환(幻)의 세계를 이루어냅니다. 불사의 여선(女仙) 서왕모(西王母)가 기린 수레(麟車)를 타고 축제를 주관하러 봉래산으로 갑니다. 그녀의 수레를 끄는 기린은 생명 있는 것은 밟지도 먹지도 않는다는 상서로운 동물이며 봉(鳳)은 닭의 머리, 뱀의 목, 제비의 턱, 거북의 등, 물고기의 꼬리 모양을 한, 하늘과 땅과 물속의 만물을 한몸에 표상한, 그 모든 것이 합쳐 이루어진 새지요. 그 몸에는 타자화된 질료가 없습니다. 지극한 대자연의 세계, 평등화엄의 세계는 당신의 고향이자 유토피아이며 실향의 탄식이 시작되는 곳이기도 하다는 생각을 어느 순간부터인가 나는 '문득' '그저' 하게 되었습니다.

인간의 최초의 시는 존재다,라고 누군가 말했듯이 이 '문득' 이루어진 교감의 세계는 존재의 '기억'으로부터 연원하는 듯합니다. 여러 겹의 기억을 간직한 존재들. 때로 어떤 겹과 겹 사이의 벌어진 틈새로 아득한 그리움의 파동이 생겨나는 순간이 불현듯 닥칠 때가 있지요. 이미 알고 있음이 분명한데 기억할 수 없는 어떤 세계에 대한 그리움. 그 틈새는 그 '어떤' 맛과 향기와 촉감이 육체의 깊은 곳에 아로새겨진 자들이 망각한 육체의 문자를 찾아나서는 세계이며, 그리하여 아득한 그리움을 동반하는 세계인 듯합니다. 우리의 육체 속에 수백억 개의 세포들이 우주거품처럼 심연의 질서를 이루며 존재하고 있듯이, 또한 동일한 그 육체 속에 심연의 호흡을 삼키는 블랙홀들이 존재하고 있듯이. 그리하여 생은, 영원한 신비지만, 그 신비는 '지금' 잊고 있는 것에 대한 간절한 그리움이 발원된 형태라는 생각을 나는 또 '문득' 하곤 하는 것입니다. 당신이 이미 칠팔세에 「광한문옥루전상량문」을 지었다는 뭐 그러그러한 기이는 차치하고라도, 어린날 내게 저 고택에서의 완벽한 낮잠이 무어라 설명할 수 없는 근원적인 그리움을 파생시키듯이, 당신에게 있었을 어떤 '체험'이 당신의 기억을 끊임없이 불러일으켰을 것이라는, 그 세계가 당신의 선계일 것이라는.

　당신은 왜 하필 조선에서, 왜 하필 여자로 태어났는가를 탄식하였지만, 이 판타지의 세계는 당신이 여자이기에 능히 깨달을 수 있었던(기억할 수 있었던) 세계라고 나는 또 생각하곤 합니다. 무릇, 자연과 영성에 가까이 있는 영혼들은 가장 본래적 의미에서 여성입니다. 인간의 태아를 이루는 수정란이 어류의 수정란과 놀라울 정도로 닮아 있듯이, 수정란의 발육이 진행되는 최초의 상태가 모든 암수를 통틀어 암컷으로부터 출발하듯이, 생명 가진 모든 것들이 단 하나도 빠짐없이 여자의 몸을 통해 세상에 나오듯이, 우리가 놓여 있는 이 생명계를 주관하고 유지해가는 것은 여자의, 어머니의 힘입니다. 어미의 태 안에 든 또 하나의 어미이자 그 어미의 어미들…… 여자의 영육은 모든 생명을 꽃피우고 주관하는 대지의 기억에 근본적으로 가까우며 가장 본래적인 기억들이 겹겹의 지층을 이루며 소용돌이치는 곳입니다. 하여, 자기 속의 여성을 발견하지 못하는 남성의 언어는 흔히 표면장력에 떠밀리며 피상적인 것으로부터의 힘을 구가하게 되곤 하지요. 남성의 언어가 획득한 힘은 어머니의 힘과 근원적으로 다릅니다. 그것은 흔히 파괴적이고 배타적이며 경쟁적이고 연민을 모르는 문법의 질서 속에 있습니다. 남성적 질서는 적군의 어린아이들의 눈망울을 향해 무차별 총격을 가할 수 있지만 여성적 질서는 절대로 그것을 허락하지 않습니다. 어머니 땅의 기억을 간직한 여성의 질서는 적군이라고 하여 앳된 소년병의 가슴에 총탄을 쑤셔박는 야만을 허락하지 않습니다. 여성에게는 조국이 없습니다. 여성의 조국은 이 별이며 이 별이 속하여진 우주일 뿐. 야만과 폭력 위에 세워진 남성적 질서로서의 국가와 민족 개념을 넘어서고 가로지르며 여성의 말은 근원적인 대지의 힘으로 귀환합니다. 아마도 내가 아니마의 세계를 결여한 위대한 예술가를 본 적이 없는 것은 이러한 이유 때문일 것이며, 남녀를 불문하고 좋은 예술가들에게서 궁극적으로 선한, 위대한 여성성을 보는 것도 이 때문일 것입니다. 그리고 당신이 저 아름다운 대자연의 화엄의 판타지를 노래할 수 있었던 것도.

당신은 사백여년 전, 아직 자연 앞에 선 인간의 오만이 그 오만의 도구를 극대화하지 못했을 때 살았던 사람. 그리하여 당신의 선계 속에는 인성을 빌린 선녀들이 등장하지만 그이들이 보여주는 인성은 사랑의 염과 순진무구함 속에 있습니다. 그러나 불행히도 오늘의 나는 나의 선녀들에게 인성을 부여하기를 주저할 수밖에 없습니다. 인간의 오만은 이미 극에 달하였고, 인간을 먹이고 입혀온 어머니는 신성한 곳까지 파헤쳐지고 절개되었으며, 이 야만의 질주가 언젠가는 끝날 수 있으리라는 가능성조차 희박해 보입니다. 어쩌면, 이 야만의 질주는 인간 스스로의 자각과 성찰에 의해서가 아니라 어느날, 인간의 오만을 더 이상 참을 수 없게 된 어머니들의 처절한 복수가 시작될 때 마침내 끝나게 될지도 모르겠습니다. 그때, 이 별의 인간들은 스스로를 피란시킬 수 있는 한점 대지도 갖지 못할 것입니다. 이미 우리는 문명과 개발이라는 폭력 아래, 생존의 근거인 이 별 전체를 잃어가는 실향민이 되어가고 있는 것입니다.

나는 이제 당신의 또다른 노래에 귀기울입니다.

밤늦도록 쉬지 않고 베를 짜노라니
베틀 소리는 삐걱삐걱 차갑게 울리네

베틀에는 베가 한필 짜여졌지만
뉘집 아씨 시집갈 때 혼수하려나
       —「가난한 처녀의 노래(貧女吟) 3」

손에다 가위 잡고 옷감 잘라내려면
밤도 추워 열 손가락 곱아온다네
남들 위해 시집갈 옷 짜고 있지만
해마다 나는 홀로 잠을 잔다오
       —「가난한 처녀의 노래(貧女吟) 4」

추운 겨울밤을 지새우며 베를 짜고 있는 가난한 처녀의 탄식. 당신은 비록 둘째부인의 소생이기는 하였으나 명문 허엽(許曄)의 자식으로 빈곤한 생활과는 거리가 있던 사람입니다. 아버지 허엽과 배다른 오빠 성(筬), 친오빠 봉(篈), 동생 균(筠)과 함께 시문을 논하며 지복한 성장기를 보낸 사람. 시댁 역시 명문대가로 봉건사회의 지배계급에 속해 있던 당신이 일용할 양식을 구하기 위해 밤새워 곱아드는 손으로 베를 짜고 있는 가난한 처녀의 심경을 노래합니다. 이는 동생 균과 함께 급진적이고 비판적이던 손곡(蓀谷) 이달(李達)을 스승으로 삼은 바 있는 당신 가계의 가풍과도 밀접한 연관이 있을 것이지만, 무엇보다 당신이 시가 태어나는 근원자리를 몸으로 알고 있는 사람이었기 때문일 겁니다.

시인은 '이미 존재하는' 세계와 불화하며 새로운 세계를 창조하는 이들입니다. 이들이 창조해내는 세계에는 가장 낮은 것 속에 든 가장 높은 봉우리와, 가장 거대해 보이는 것 속의 가장 작은 속삭임들과, 가장 미천해 보이는 것 속의 위대한 전언이 공존하며, 무엇보다 인간의 세상이 추구해야 할 의롭고 아름다운 것에 대한 갈망이 존재합니다. 그리하여 시인은 열망하고 두리번거리고 귀기울입니다. 아파하고 연민하며 공경하고 분노합니다. 골방과 광장이 공존하며 사랑과 투쟁이 공존하는 시인의 거처에서 당신은 가난한 처녀의 탄식을 아파하며 모순된 사회제도를 비판합니다.

당신은 알고 있습니다. 인간이 만들어온 하계의 질서란 계급과 계층 간의 끝없는 쟁투와 착취의 역사였으며, 다수 민중에 대한 소수 지배계급의 착취가 가장 폭압적인 형태이거나 세련된 방식으로 그 외연을 바꿔온 것에 다름아니라는 것을. 나는 또 알고 있습니다. 당신이 살았던 봉건적 왕조시대나 내가 살고 있는 자본주의시대가 지배와 피지배 계급간의 여전한 쟁투의 장이라는 것을. 더구나 이 척박한 현대의 자본주의는 내외적인 식민지를 필연적으로 요구하며 이 별은 끊임없이 강자의 문법에 의해 구획되고 착취당하고 있다는 것을. 이 살벌한 약육강식의 문법 속에서 선진제국에 의한 제3세계의 가혹한 착취가 소문

없이 진행되고 있으며 일국 내 빈익빈 부익부와 다수 민중에 대한 착취가 민주(民主)의 외피를 쓰고 여전히 진행중이라는 것을. 계급의 불평등과 인종의 불평등, 그리고 성의 불평등은 하계를 지배하는 가장 심각한 불평등체계이며 이중, 삼중으로 타자화되어 있는 연옥의 미로라는 것을.

이 연옥의 미로를 통제하는 가장 강력한 이데올로기는 가부장적 사고체계인 것 같습니다. 한 가족 안에서의 권위적이고 수직적인 가장(家長)이데올로기는 한 국가 안에서의 가장이데올로기로, 국가와 국가 간의, 민족과 민족 간의 가장이데올로기로 확대되며 종국에는 이 별에 대하여 가장의 폭압적 권위를 행사하려고 합니다. 이 지독한 가부장제의 유령들. 이들이 주관하는 카니발에서 자기의지와 무관하게 제물로 바쳐지는 것은 예외없이 약자이며 특히나 여성과 아동, 그중에서도 피억압계층의 여성과 아동들입니다.

지배계급의 여성보다 피지배계급의 여성이 훨씬 절박한 착취의 현실 속에 있으며 선진제국의 여성보다 제3세계의 여성과 아동들이 훨씬 더 가혹한 착취 속에 있습니다. 이 무자비한 현실 속에서 겨우겨우 존재하는 사람들의 탄식과 이 별의 탄식. 선진 강대국들의 신식민지에 대한 개발폭력으로 인해 발생하는 자연의 황폐화와 망가진 자연 조건으로 인한 기상이변과 기근과 기아. 이 모든 재앙 속에서 언제나 가장 고통받는 이들이 있고 고통으로부터 자유로운 계급이 존재합니다. 모든 억압의 기제들은 긴밀하게 내통합니다.

당신은 당시의 명문대가 '규수'들이 흔히 그러했던 안락이 보장된 여자의 길을 걷지 않은 사람. 당신의 여러 시편에서 보여지는 봉건제도의 피지배계층에 대한 연민과 불합리한 신분제도와 제도적 특혜, 그 자신 여성으로서 받아야 했던 봉건적 남존여비의 고질적 병폐에 대한 분노와 비판은 억압과 지배를 거부하는 본래적 기억—지극히 여성적인 힘의 평등화엄의 세계를 꿈꾸는, 참된 시인의 근원자리일 것입니다.

나는 이제 당신이 속삭이는 사랑과 관능의 노래를 들으러 갑니다. 선계와 하계의 틈새에서, 그 틈새의 원심력을 지탱해가며 흔들리는 푸른 잎사귀들, 붉고 흰 꽃으로 벙그러지는 환한 몸의 세계로.

가을의 호수는 맑고도 넓어
푸른 물은 구슬처럼 빛나는데,
연꽃으로 둘린 깊숙한 곳에다
목란배를 매어두었네
님을 만나 물 건너로
연밥 따서 던지고는,
행여나 누가 보았을까봐

한나절 혼자서 부끄러웠네

—「연밥을 따면서(採蓮曲)」

정중동(靜中動)이라 하였습니까. 고여 있는 듯 보이는 맑은 호수 속에서 물살은 끊임없이 몸을 뒤척입니다. 하늘이 흘러가고 구름이 흘러가는 호수 속으로 한 여자가 흘러듭니다. 목련으로 엮은 배를 호수 깊숙이 매어두고 그녀는 이윽히 기다립니다. 기다림은 정(靜)한 것입니까. 고요한 듯 보이나 뒤척이는 마음이, 앉은 듯이 보이나 달려가는 마음이 기다림이겠지요. 건너편 물가에 님이 보입니다. 연꽃향과 물내음이 어우러진 물가에서, 습윤한 향기를 온몸으로 들이마시며 님을 기다리던 그녀의 체액이 맑아집니다. 맑아져서 드디어 흐르는 체액. 흐르는 물살. 여자는 배를 저어 님에게 갑니다. 님이 오기 전에 내가 먼저 갑니다. 그리고 흐르는 사랑의 시간. 여자가 들이마신 연꽃의 향기는 꽃의 영혼 쪽입니까, 꽃의 몸 쪽입니까. 지극한 사랑을 향해 있을 때, 영혼은 몸과 함께 흐르며 몸 또한 영혼과 함께 흐릅니다.

미열이 감도는 이토록 환한 관능의 세계. 당신은 눙을 치듯 슬쩍 말합니다. 행여나 누가 봤을까봐 홀로 부끄러웠다고. 이 부끄러움은 자기 몸의 말을 알아채기 시작한, 몸의 말에 응답할 채비가 끝난 이가 은연중 들려주는 가장 내밀한 고백이라는 생각이 듭니다. 그것은 타자의 시선에 대하여 생기는 것이 아니라 자기 몸의 축제에 즐거이, 적극적으로 임한 이가 자신의 몸이 행한 비밀스러운 즐거움 앞에서 은근히 얼굴이 달아오르는 부끄러움이며 자꾸만 미소가 떠오르는 부끄러움입니다. 나는 이러한 부끄러움을 아는 몸이야말로 자연스러운 관능에 좀더 가까이 있다고 생각하는 쪽입니다. 이것은 사랑 없이 단지 육체의 쾌만을 위해 다른 몸과 만날 때에는 느낄 수 없는 감정입니다. 마음이 적극적으로 발현되지 않는 육체의 행위에서 우리가 흔히 헛헛함과 결핍을 느끼게 되듯이. 삶의 본능으로서의 관능의 에너지는 이렇듯 육체의 만남이 끝난 뒤에도 한나절을 그 여운 속에서 나와 님의 몸과 마음과 말을 어루만집니다. 서로에게 스며든 몸의 향기를 이윽히 눈감고 듣습니다.

초당 솔숲에 듭니다.
오늘은 저 고택에는 들지 않고 담장을 따라 걷기만 하기로 합니다. 가까운 바다로부터 불어온 바람이 솔향을 머금고 어떻게 담장을 쓰다듬어가는지, 어떤 비나리를 속삭여주고 가는지, 그저 지켜보기로 합니다. 자신의 의지와 끝없이 불화하는 하계의 질서에 순응할 수 없었던 당신은 죽기 한해 전 스스로의 죽음을 예견했다고 합니다. '푸른 바닷물이 구슬 바다에 스며들고/푸른 난새는 무지개빛 난새에게 기대었구나/연꽃 스물일곱 송이가 붉게 떨어지니/달빛은 서리 위에서 차갑기만 하여라.' 그리고 당신은 스물일곱살의 어느날 홀연히 죽음을 맞이했습니다. 나는 쓸쓸해하지 않기로 합니다. 하계에서의 유배를 스스로 종료시키고자 한 당신의 의지가 당신을 거두었을 것이므로.

  이 솔숲에서는 모든 계절이 사라지고 하오의 시간부터 저물녘을 지나 동트기 직전의 시간만 남습니다. 하루분의 자투리 태양빛을 머금고 숲이 온통 일렁이는 이 시간은, 생명 입은 것들이 그 생명의 미약한 박동만으로도 지극히 귀하여지는 시간. 이때의 빛은, 나무의 근육으로 자연스럽게 스며들고, 수관과 체관의 은밀한 교합을 도우며 뿌리를 타고 아래로 스며듭니다. 상승하며 폭발하는 빛이 아니라 하강하며 어루만지는 그 빛의 길을 따라 나는 당신의 유배지였던 하계를 지나 더 깊은 하계로 접어듭니다. 그곳에서 부용봉을 거닐고 있는 당신의 그림자를 만납니다. 나는 징후를 기다립니다. 어스름이 깊어지고 달이 자기의 말을 하기 시작하고 소금내음을 품은 밤바람이 불어옵니다.

  그 어둠속에, 붉디붉은 자국을 내며 흔들리는 백일홍 꽃나무! 나는 그 아래 흩어진 나뭇가지들을 줍습니다. 흩어진 당신의 뼈를 줍습니다.

귀래에서 달을 보다

달과 대지와 에로스에 관한 단상들

훌쩍 길 떠났다가 돌아오는 길이었습니다. 오늘따라 이 별은 퍽도 빨리 도는 듯. 석양이 내리더니 금세 어둑신해진 국도변의 산능선들이 낮 동안에 곧추세웠던 등뼈를 편안히 눕게 하고 서로의 머리에 무릎베개를 베어주면서 무어라 타령조를 읊기도 하고 속삭이며 간지럼을 태우기도 합니다.

이토록 이윽한 몽상과 휴식과 사랑의 시간. 나는 잠깐 발길을 멈추고 저 능선들이 품고 있을 다람쥐며 오소리며 산새들과 작은 벌레들의 꼼지락거리는 소리에 귀기울이다가 문득 한 목소리를 들은 듯합니다. 목소리이되, 그것은 몸 밖으로 소리를 파열시켜 내어보이는 소리가 아니라 자기의 몸 속을 물결치며 우웅우웅 복화술로 말하듯 스며나오는 달의 목소리였습니다.

어느새 달이 능선을 어루만지며 떠올라 있었고 그것은 둥근, 꽉차서 평화롭게 비어 있는 보름달의 목소리였습니다. 우웅 우웅 오옴 오옴 후움 후움 허엄 어어엄. 그 목소리는 산능선 바로 가까이에서 산이 품고 기르는 것들의 착하고 연약한 뒤척임들을 들여다보며 그래…… 그래……라고 글썽여주고 있었지요. 오옴 오옴 옴마니반메훔……

옴마니반메훔. 이 진언은 어느결부터인가 아름답거나 슬픈 풍경이 나를 흔들어올 때 나도 모르게 마음속으로부터 속삭이게 되는 만트라이기도 합니다. 나는 특정한 종교의 특정한 종교적 제의를 사모하는 사람이 아니니, 내게 있어 옴마니반메훔은 이 별과 우주에 차고 넘치는 모든 유랑하는 신들을 향해, 어떤 풍경 속에 떠도는 나를 향해 드리는 감사와 간구의 진언인 셈이지요.

무연히 이 진언이 시시로 떠올라오곤 하였을 때, 나는 한 스님에게 그 의미를 물은 적이 있습니다. 어디선가 내가 얻어 읽었던 정보들을 취합하여 육자진언(六字眞言)이 어쩌니, 진공묘지(眞空妙智)의 '마니'와 광명원각(光明圓覺)의 '반메'가 어쩌니, 우리말로 하자면 '광명한 지혜' 어쩌고 하면서, 제대로 알고 있는 것인지를 여쭌 적이 있었지요. 그때 나는 조용한 일갈을 들어야 했습니다.

"다만 성심으로 진언을 떠올리고 다만 성심으로 진언을 염하십시오."

이는 분별심을 동원하여 해석하려 들지 말라는 의미일 것이며 진리에 가까이 있는 일에 분별심만큼 해로운 것이 없다는 일갈이기도 했습니다. 그분은 한 말씀을 곁들여주셨지요. 마음 저 깊은 곳으로부터 상서로운 연꽃 한송이를 떠올려보십시오. 깊은 물속으로부터 자라나와 꽃대궁을 밀어올리고 마침내 환하디환한 꽃잎을 벌려 보이는 한송이 만다라화를. 그 꽃이 자기를 열 때, 한송이 연꽃인 당신이 피어나고 세계가 피어나고 우주가 환희롭게 피어나는 것을 상상해보십시오, 라고.

옴마니반메훔. 산능선을 어루만지는 그 숨결 그대로 내 목덜미에 와닿는 달의 숨결. 달은, 성심을 다해 자기의 숨을 여닫고 있었습니다. 그 자체로 우주의 호흡이며, 아름다운 것을 다만 아름답게 하고 애달픈 것들을 위무하여 평안에 이르고자 성심을 다하는 달의 숨. 달의 목소리.

그 숨결은 느릿느릿 대지를 어루만지고 있었고 나는 먼 능선들이 치마폭을 너울거리며 달춤을 추는 것을 오래도록 바라보았습니다. 천공의 둥근 만다라와 첩첩의 산능선이 빙빙 원무를 추며 그리는 대지의 만다라. 옛적부터 우리네 여인들이 밝은 달을 모시어 강강수월래, 달춤을 추었듯이, 첩첩이 큰 원과 작은 원과 타원을 그리며 돌다가 흩어지고 다시 모이는 대지의 원무를 이윽히 바라봅니다.

 내가 발길을 멈춘 이곳은 강원도 귀래면. 귀래라는 이름이 어찌하여 생겼는지는 알 수 없으나, 달과 대지의 합환무(合歡舞), 저 아득한 천지의 원무 속으로 나의 몽상이 벗은 발로 가볍게 떠오르기 시작합니다. 나는 중얼거립니다. 귀래(歸來). 미래로 돌아가다, 혹은 미래로부터 돌아오다,라고.

달의 기원

        도시가 타락하는 것은 달을 보지 못하기 때문이다,라고 나는 종종 생각하곤 합니다.

 어찌하여 달은 지구 가까이에서, 저토록 슬프고 아름다운 얼굴로 지구를 바라보게 된 것일까요. 달의 기원을 몽상하는 일은 세속의 일상을 가로질러 나에게 우주먼지라는 말을 떠오르게 하고 우주거품이라든지, 은하, 블랙홀이라는 말들을 떠오르게 하지요. 그리고 묻게 됩니다. 나는 언제부터 나였을까,라고.

 달은 우리 은하가 만들어질 때 어떤 연유로 지구로부터 떨어져나가게 된 이 별의 일부였는지도 모릅니다. 지구와 한 몸이었던 달. 그래서 달은 멀리 가지 못하고 허락된 가장 가까운 거리에서 지구를 그리워하며 머물고 있는 것인지도. 그리움, 그 안 타까운 일렁임이 저토록 교교한 빛의 너울로 지구의 바닷물을 끌어당기고 밤마다 그 물살 속에 달빛의 아이들을 산란하고 있는 것인지도 모르겠습니다. 하여, 달이 가장 부푸는 만월에 일어나는 월식은, 지구와 한 몸이었던 달이 자신의 몸으로 돌아오고자 염원하는 신성한 혼례인지도 모릅니다. 지구의 몸 속으로 들어오는 달. 그 혼례의 밤이 지구의 그림자 속에 잠시 머물렀다 다시금 비껴가야 하는 슬픈 숙명을 지닌 것이라 할지라도.

혹은, 우주를 유랑하는 떠돌이별이었던 달이 우연히 지구 옆을 지나가다가 한송이 푸른 꽃인 지구에 매혹되어 영영 지구 곁을 서성거리게 된 것인지도 모릅니다. 시작도 끝도 알 수 없는 서성거림. 우주를 떠돌며 그가 알게 된 다른 모든 은하의 별들에 구전되는 아름다운 노래들을 밤마다 나지막이 불러주면서, 이 푸른 별이 자신의 노래를 들으며 날마다 아름다워지기를 꿈꾸면서, 단지 서성거리면서…… 혹은, 우연히 지나쳐 흐르던 달의 노래를 사모하여 지구가 달을 보내지 못하는 것일 수도 있습니다. 달은 또다른 미지의 먼 은하를 꿈꾸고 지구는 창백하게 떨리는 달의 속눈썹을 단 한번 쓰다듬어줄 수 있기를 꿈꾸고…… 그렇게 두 별의 아득히 비껴선 그리움 때문에 달빛이 저토록 몽롱한 슬픔의 빛을 띠는 것인지도 모릅니다. 더불어 달이 뜨지 않는 지구의 밤이 그토록 적막한 것인지도.

어쨌거나 달은, 나라는 존재가 지구별 위의 미미하기 짝이 없는 어떤 공간에 부려져 '삶'이라는 이름의 어떤 호흡을 지속하고 있는 존재임을 자각하게 하는 구체적이고 물질적인 환영입니다. '우주'라는 헤아릴 수 없는 거대한 심연 속의 나의 목숨이란 우주의 목숨에 비한다면 미미하기 짝이 없는 것이며 나를 받아안고 있는 지구의 목숨 또한 우주의 목숨에 비한다면 미미하기 짝이 없는 존재일 것입니다. 수백억을 헤아리는 은하들 중 자그마하고 평범한 한 은하에 불과한 태양계 속의 작은 별 지구와 달. 바로 이곳에서 내가 얻고자 하는, 우리의 삶이 얻고자 하는 세속의 것들이 부디 깨끗한 욕망으로 빚어지는 맑은 물 한사발을 얻을 수 있기를.

말갛고 슬픈 빛으로 조용히 지구를 바라보고 있는 천공의 눈. 저 눈을 가만히 바라보고 있으면 인간의 세속이 무한한 연민으로 일렁거리게 됩니다. 현란한 도시의 불빛들이 내달려간 욕망의 피뢰침 끝에서 외줄을 타는 슬픈 광대들, 나와 우리가 어디를 향해 삶의 물꼬를 터야 할 것인지를 되묻게 됩니다. 달은 인간을 향해 쉬이 노여워하지 않습니다. 초승에서 보름으로 다시 그믐으로, 그리하여 달이 뜨지 않는 죽음의 시간을 지나 다시 부활하곤 하는 달은, 자신의 숨결에 성심을 다하며 지구별 위의 인간 역시 가장 낮고 겸허한 자세로 스스로를 사랑할 것을, 이 별을 사랑할 것을 묵언의 기도로 깨닫게 하고자 하는 것인지도 모릅니다. 달의 죽음과 부활. 우리가 일상적인 것이라 느끼는 달의 죽음과 부활이 사실은 달의 의지가 이룬 매일의 기적이라는 것을, 내게 주어진 하루분의 생이 죽음을 껴안고 흘러가는 시계추 위에서 아직은 삶 쪽으로 기울어 있는 기적과도 같은 시간이라는 것을.

달빛에 공명하는 시간을 잃어버리면서 인간의 도시는 타락해 갑니다. 우주에의 노스탤지어를 잃어버리면서 인간의 존재방식은 교만해집니다. 달의 노래를 들을 수 없는, 신성한 원시(原始)를 상실하면서 인간의 꿈은 무지해집니다. 저 달에서 보면 지구 역시 초승에서 보름으로 다시 그믐으로, 탄생과 죽음을 거듭하고 있겠지요. 매일매일의 기적의 힘으로.

산 것들의 남루

여름 달밤에 수박밭에 가면 수박이 크는 소리가 들린다고 합니다. 내 할아버지는 달밤에 감자밭에 가면 땅밑의 감자알 크는 소리가 들린다고도 하셨지요. 달밤에 자라나는 식물들. 하기사 낮 동안에 쑥쑥 크는 식물들을 본 적은 없어도 자고 일어나면 밤사이 어린 오이나 호박이 몰라보게 자라 있곤 했고 풋것으로만 보이던 파란 살구알이 노르스름한 빛을 띠기 시작하여 신기해하던 날들이 있었습니다. 어린 석류 열매가 몰라보게 통통해지거나 대나무밭의 어린 죽순들이 한두 뼘씩 훌쩍 자라곤 했던 것도 달밤의 일이었지요.

사람살이에서도 달밤은 신기한 힘을 가진 듯. 보름달이 뜨는 밤 어머니는 깨끗한 물을 받아 부엌 선반 가장 높은 곳에 올려두곤 했으며 정화수를 떠놓고 올리는 기도도 달밤에 이루어지곤 하였습니다. 아이 갖기를 원하는 여인이나 임신한 여인들이 보름달을 바라보며 달의 정기를 얻고자 소망하는 풍경도 우리에게 그다지 낯선 풍경이 아니지요. 정월 대보름의 달빛을 보고 그해 농사와 기후를 점쳤고 대보름 달빛을 흠뻑 받는 일이 질병과 재액을 막아줄 것이라 믿어온 우리네 소박한 신앙이나 망우리를 돌리고 달집을 태우며 마음속에 소망 하나씩을 세우던 동심 속에는 달을 향한 신비한 외경이 있었습니다.

무엇이었을까요. 달의 무엇이 식물들을 키우고 인간의 마을을 지켜온 것일까요. 밤사이 대지를 적시는 희보얀 젖줄기, 저 달빛, 달의 피를 생각합니다. 아픈 나무 우듬지를 타고 내리는 달빛, 상처입은 것들의 환부에 스며들어 상처를 어루만지는 달의 피, 달의 꿀을. 달의 음료라 불리는 소마(soma)는 달나무로부터 짜낸 즙이며 달의 피지요. 달의 피는 대지를 적시어 아픈 것들을 쉬게 하고 그 휴식은 '쉼'을 통한 잉태의 시간이며 '쉼'으로써 생산의 시간이 됩니다. 가장 영적이며 가장 육체적인 달의 꿀—달의 넥타인 소마는 치유와 생성과 안식의 간절한 기원이 가닿는 원시의 영성(靈性)을 구현합니다.

태양빛이 강렬한 수직성을 갖는 빛인 데 비해 달빛은 구부리는 빛이지요. 한여름 작열하는 태양빛이 종종 내 속의 공격성을 일깨운다면 달빛은 그 빛이 가장 무르익었을 때에도 보듬어 소생시키는 부드러운 힘 쪽에 있습니다. 태양은 명징하게 빛나는 형태를 고수하지만 달은 자라나고 소멸하는 만물의 생멸의 주기 속에 함께 있습니다. 자라나는 달, 죽는 달, 소생하는 달은 살아 있는 모든 것들의 남루한 중얼거림을 받아안습니다. 그리하여 달님을 향해서라면 인지상정의 남루한 고통과 소망들을 입밖에 내어 말할 수 있게 되지요. "그대 천상의 달 안에 나의 한쪽 심장이 의지하여 쉬고 있도다/내 그러함을 깨달으니/내가 자식들의 고통으로 인하여 우는 일이 없게 하여주오"(까우쉬따끼 우파니샤드)라고. 내 님이 진창을 밟으실까 걱정하는 간절한 마음으로 "달하 노피곰 도다샤 어긔야 머리곰 비취오시라"(「정읍사」)라고.

산 것들의 남루를 끌어안으면서 달의 시간은 따스한 에로스의 시간이 됩니다. 상처로 아픈 것들이 달의 피를 마시고 안식과 생성에 듭니다. 나는 달의 꿀을, 달의 피를 받아 마시고 당신과 나의 몸의 시간으로 갑니다.

깨끗한 욕망으로 빚어지는
맑은 물 한사발

달의 꿀과 달의 피…… 나는 문득 '월수'라는 말을 중얼거립니다. 이미 알고 있던 단어인지 그렇지 않은지 기억할 수 없는 생소한 말들이 문득 떠올라올 때가 있지요. 내처 사전을 뒤적거려보니 '월수(月水)=몸엣것. 월경으로 나온 피. 월경수'라고 적혀 있습니다. 초경이 있던 때로부터 얼마의 시간이 지나 내 몸의 월경주기를 계산해보게 되었던 어느날, 양력으로는 조금씩 오차가 나던 그 주기가 29.5일을 주기로 차고 빔을 거듭하는 달의 리듬 속에서는 거의 맞아떨어진다는 사실을 깨닫고 놀라워한 기억이 납니다. 월수…… 달의 물이자 생명의 약속인 신비한 순환의 주기가 내 몸에 아로새겨져 있다는 놀라움.

월경 때가 다가오면 몸과 마음이 싸륵싸륵 아파지기 시작합니다. 어떤 형태로든 몸이 아파질 때 우리의 영혼은 본능에 가까워지는 듯합니다. 가벼운 몸살이라도 있을라치면 그러한 징후를 더욱 강하게 느끼게 되지요. 몸살은 몸이 불편해지고 아파지는 일인데 내게는 이상하게도 몸살이라는 말이 몸이 살려고 나름대로 꾀를 내어 쉬고자 하는 병 같습니다. 쉬어야 할 때다, 라고 몸이 주는 일종의 메시지 같은 것 말이지요. 생명의 항상성을 유지하고자 하는 본능, 이것은 어떤 수사 없이도 그 자체만으로 눈물겨운 일입니다. 때로는 이 지극히 단순한 본능이 일상을 지배하는 오만한 에고로부터의 해방을 촉매하기도 하지요. 인간성이라는 관념이 강제하는 도덕과 치장이 허물어지고 날것 그대로의 단순한 욕망이 지순하게 드러날 때, 그것들은 대개는 착하고 단순해져 오히려 자유로운 것에 가까워집니다. 몸이 아파질 때 비로소 내 몸이 신의 거처임을 아는 이 아둔함이라니.

달 속에, 햇빛 속에, 바람 속에서 잠들고 깨어나고 웃고 술 마시는 신들을 상상합니다. 나는 신성을 떠올릴 때면 거의 언제나 천지신명과 일월성신을 떠올리게 되는 족속이니 내게 신성이란 하늘과 땅이며 해 달 별들의 모든 다른 이름인 셈. 내 몸 속의, 당신 몸 속의 신성을 불러내어 한바탕 결판지게 놀아주고 싶은 날들이 있습니다. 그것은 종종 이 사회 속에서 나를 강제하는 관념과 허상의 금기를 벗겨내야 가능해지며, 믿거나 믿지 않거나 모든 종족의 신전에 들어설 때 신전의 돌 한덩이 나무 한그루 앞에서도 마음을 겸허히하듯이 나와 당신의 몸 앞에서 겸허해지고 솔직해질 때 가능해집니다. 잘 일하고 잘 쉬고 잘 먹고 잘 사랑하는 일. 이 단순하고 솔직한 삶이 실은 삶의 매순간이 도달하고자 하는 행복감의 원천임을 우리는 종종 잊곤 합니다. 혹은 무슨 거창한 이유들을 들어 치장하고 싶어하지요.

월경 때가 가까워오면서 섬세한 징후들이 나타나기 시작할 때, 예민해진 내 몸의 감각들이 관능의 빛으로 꿈틀거리는 순간들이 잦아지곤 한다는 것을 나는 알고 있습니다. 내 몸을 이루는, 당신 몸을 이루는 모든 질료로부터 물과 바람과 흙과 햇살과 달빛의 촉감을 찾아내는 일을 즐기고자 하는 욕망이 강해지지요. 풀향기와 지저귀는 새소리와 풀벌레들의 날개 비비는 소리를 찾아내고 만지고 **냄**새맡으면서 나는 즐거워집니다. 나와 당신이 서로의 몸에서 찾아내는 것들이 자연스럽게 흘러넘치며 따뜻한 에너지로 소통하는 느낌, 그것은 감각으로부터 출발하여 감각을 넘어서는 일종의 엑스터씨를 선물하곤 하지요. 육체를 이루는 모든 기관들이 그 기관에 부여된 딱딱한 기능성으로부터 해방되어 가볍게 솟구쳐오르는 유쾌한 유희의 시간. 자유분방한 몸의 꼬뮌 속에서 머리카락이, 겨드랑이가, 발가락이, 항문이, 성기가, 지극한 마음으로 모셔져야 할 낱낱의 우주임을 깨닫게 되는 몰입과 무아의 시간들.

내 몸이 당신의 몸을 만날 때 나는 오로지 내가 되고, 그리하여 내가 사라지고, 나는 허공이 됩니다. 허공이 됨으로써 내 속에 가득히 들어차는 꿈꾸는 온갖 소리들, 그 숨결과 그 뜨거움들. 우리의 모든 감각이 신의 통로임을 말하는 탄트라처럼, 샥티, 샥티…… 속(俗)한 어머니 속에서 성(聖)한 어머니를 만나게 되는 경이로움! 감각은 솔직하고 그 솔직함 속에 나와 당신의 영혼이 자유롭게 비상합니다. 느낌-감각의 세계는 이성의 힘이 지배하는 세계보다 훨씬 다차원적이며 능동적으로 열려 있는 세계입니다. 느낀다는 것은 '바로 이 순간' 내가 있다는 사실의 가장 확실한 방증이며 이 가득하게 열려 있는 느낌의 세계 속에서 당신과 내가 서로에 의해 모셔질 때, 우리는 남자와 여자가 아닌 다만 '나'로 돌아갑니다. 나의 쾌(快)에 솔직해지는 일이 당신의 쾌를 이해할 수 있게 하며 나의 쾌를 지순하게 좇는 일이 당신의 쾌를 고무하려는 열렬함으로 순환하는 지극한 '떨림'의 순간들. 당신과 내 몸이 만드는 그 떨림 속에서 일월성신과 천지신명을 만나고 바람과 빛과 풀들을 만나고 그 모든 존재의 쾌를 이해하게 됩니다. 오르가슴, 이 축복받아야 할 순수한 기쁨의 시간은 나의 존재가 다른 모든 존재의 기쁨을 이해해가는 과정이며 그리하여 나의 존재가 충만해지는 과정의 다른 이름일 것입니다.

발효하는 빛

몇권의 화집과 이 책 저 책에서 마음에 드는 그림들을 오려붙여 만든 내 누더기 화첩을 펼칩니다. 이 화첩은 내가 여기저기에서 오려붙여 만든 요리노트와 더불어 내 몽상에 즐거움을 더해주곤 하지요. 오늘은 당신께 달빛 속에서 감상하기 좋은 몇장의 그림을 동봉할까 합니다.

세계의 기원 귀스따브 꾸르베, 1866년 作

캔버스 가득 거대한 산맥이 클로즈업됩니다. 흰 천이 그 윗목을 구름처럼 살짝 덮은, 구름 바로 아래 탐스럽게 솟아 있는 봉우리. 자연스러운 음영을 그리면서 흘러내려온 능선이 계곡과

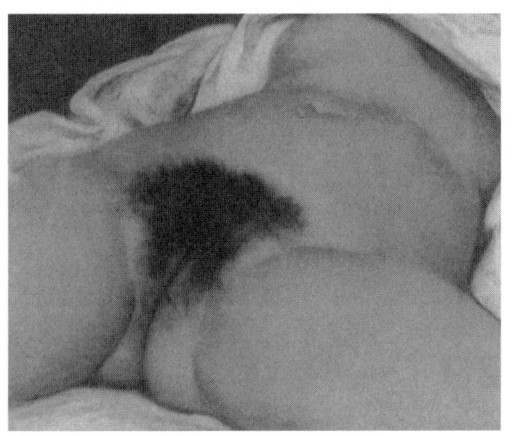

소(沼)를 지나고 마침내 바다로 뻗어내려가려는 듯 우람하게 하구로 흘러내리며 갈라지는 산줄기 사이에 무성한 검은 숲이 있습니다. 나는 이 거대한 산맥, 거대한 이그드라실(우주목)의 뿌리로 흠뻑 젖어드는 달빛을 상상합니다. 젖가슴에서 배꼽과 음

부를 지나 허벅지까지 이른 당당한 여체가 다른 이의 시선을 유혹하려 들거나 움츠러들지 않고 자연스럽게 잠들어 있습니다. 그것은 꿈꾸는 이그드라실, 일체의 인공적 조형요소 없이 사실적으로 묘사된 튼실한 살집을 하늘을 향해 누이고 잠들어 있는 우주목을 떠오르게 합니다. 여체를 대상화시켜 관음증의 노예로 전락시키곤 하는 천박한 인습에 대한 혁명. 이 당당한 여체에 꾸르베는 「세계의 기원」이라는 제목을 붙여놓았습니다. 누구도 함부로 범할 수 없는 어머니 땅의 당당한 기품이 달빛 속에 도도한 이 그림은 묻습니다. 이 몸 앞에서조차 관음과 유린을 욕망하는 이들에게 묻습니다. 너는 어디에서 왔느냐. 누구도 이 '기원' 바깥에서 오지 못합니다.

숲속의 두 누드 혹은 대지 그리고 나의 염소와 나

프리다 깔로, 1939년 作

마법의 공간에 들어섭니다. 풍요한 숲과 황량한 벌판이 동화적으로 펼쳐진 세계. 그 세계의 중심에서 나는 삐에따를 만납니다. 그런데 삐에따의 성모는 다갈빛 피부를 가진 여인입니다. 그녀의 무릎을 베고 누운 또 한 여인은 성모 자신이자 성모의 아이이며 백인입니다. 피부빛만 다를 뿐 한사람의 분신으로 보

이는 두 여인의 누드, 제국의 힘에 유린당한 잉까의 땅에서 상처입은 원주민 성모는 피부빛이 다른 또다른 여인을 무릎에 누이고 오히려 그녀를 보듬습니다. 경건한 연민과 동정, 삐에따의 슬픔이 고스란히 전해지오는 이 아름다운 누드는 모든 폭력을 끌어안은 자매애의 숭고한 호흡을 느끼게 합니다. 심이어 불쌍히 여기소서, 상처입은 이는 오히려 원주민 여인일 것인데, 성스러운 어머니는 척박한 벌판 쪽에 앉아 대지가 키운 풍요한 숲에 다른 여인을 누이고 있지요. 마른 몸이지만 꼿꼿하게 허리를 세운 기품있는 모습으로 앉아 진실로 강인한 정신이 무엇인지를, 무엇이 대지를 꽃피우는 것인지를 묵언의 기도로 보여주는 듯합니다. 원주민 여인의 허리 뒤쪽으로 흘러내린 붉은빛의 천이 그녀가 앉아 있는 차가운 바위를 따라 흐르면서 따뜻한 핏물처럼 흘러내립니다. 상처입은 성자가 아니라 성모가 흘리는 피. 피흘리는 어머니가 자신의 아이를 보듬습니다. 그녀의 핏물이 땅에 스미고 숲의 뿌리를 적시며 나무와 과실을 키우고 숲으로부터 가느다란 실뿌리들이 퍼져나와 황야로 번져갑니다. 프리다 깔로는 묻습니다. 무엇이 영원의 쪽인가.

키스 똘루즈 로트레끄, 1893년 作

 열에 들뜬, 지극한 사랑과 안타까운 그리움의 순간을 달뜬 마음으로 드로잉해가는 로트레끄의 손끝. 아름답고 안타깝고 슬픈, 아직 앳되어 보이는 두 여인의 키스. 붉은 침상과 안쪽 벽에 자디잔 물거품처럼 번지는 노을빛. 그녀들의 머리가 놓인 침상 위쪽에서 바라본 시선으로 인해 그녀들의 하체는 노을빛 벽의

물거품 같은 공간 속으로 사라져 있어 보이지 않습니다. 나는 저물녘의 붉은 바닷속을 떠올립니다. 혹은 붉은 달이 뜬 밤바다 속, 자신의 사랑 때문에 비난받아야 했던 사포의 고향, 레스보스 섬 주위의 따뜻한 바닷속일까요. 바닷속 깊은 곳 붉은 모래 언덕에서 사랑을 나누는 인어들의 환영이 겹쳐집니다. 순결하고 비극적인 사랑 이야기로 회자되는 인어공주 이야기는 얼마나 잔혹하고 끔찍한 우화인지. 사람의 남자를 사랑하게 된 인어는 인어로서의 자신의 존재방식을 부정하면서 비극의 씨앗을 잉태하게 되지요. 자신의 말(혀)을 버리고 사람의 다리를 얻고자 한 인어. 결국은 물거품으로 사라지고 만 인어. 이 비극적인 사랑 이야기는 비극적이되 아름답지 않고 오히려 잔혹한 피냄새를 풍깁니다. 로트레끄의 손끝에서 태어난 인어들의 아름답고 슬픈 사랑은 나에게 묻습니다. 사랑을 얻기 위해 왜 자신의 말을 부정해야 하며 왜 사람의 다리를 얻어야 하는가. 누구와 사랑해야 한다는 도덕은 얼마나 파렴치한 것인지. '누구와'가 아니라 '사랑을 나눈다'는 것이 중요하다는 것을.

달과 버드나무와 물소리

춘화 한점을 들여다봅니다. 보름달이 뜬 밤이네요. 달빛은 은은하고 휘늘어진 수양버들의 부드러운 가지들이 물속을 간지럽히는 나직한 구릉에서 벗은 남녀가 사랑을 속삭이고 있습니다. 원근이 사라진 구도 속에서 하늘을 이불삼아 펼치고 물소리가 가끔씩 찰방거리는 자연 속에서의 유희. 참새 입 속 같은 버들잎들이 총총 돋아난 것을 보니 춘삼월 지나 대기가 물씬 따사로워진 봄밤 같습니다. 홍조를 띤 여인의 얼굴이 슬쩍 고개를 비껴 낮은 물가에 머뭅니다. 탐스러운 잎사귀를 가진 어느 물풀 위에 올라앉아 사랑을 나누고 있는 소금쟁이 한쌍을 보고 있는 것일까요. 버드나무는 물 쪽으로 슬몃 기울어 물과 사랑을 나누려는 듯한 자세입니다. 조선시대의 춘화들을 보고 있으면 슬그머니 웃음이 배어나기도 하고 한바탕 까르르 웃음보를 터뜨리

게도 됩니다. 지배계급의 도덕적 허위의식에 날카로운 칼날을 들이대는 유쾌한 풍자라든지 자연 속에서 나누는 성애장면의 은근하면서도 달뜨는 기운을 만나게 되면, 가문의 명예라는 허울로 열녀비라는 끔찍한 비석들이 세워지곤 하던 시대에 성을 이토록 자연스러운 것으로 인식할 수 있었던 기지에 탄복하게 됩니다. 바위와 계곡물과 꽃과 나무와 숲과 달빛과 물결치는 흙의 느낌이 고스란히 살아숨쉬는 자연 속에 들면 인간의 섹스도 그토록 자연스러워집니다. 만물이 사랑을 나누고 관능의 힘으로 절로 유쾌해지는데 인간인들 그 유혹을 마다할까요.

독 장욱진, 1949년 作

캔버스 가득 검은 항아리가 하나 놓여 있습니다. 단순한 배경은 황톳빛의 따뜻한 온기를 품고 있구요. 검은 항아리 앞에 까만 새 한마리가 종종걸음을 칩니다. 항아리 뒤쪽에 항아리의 어깨에 올라탄 가냘픈 새처럼 나뭇가지(나무!)가 하나 솟아 있습니다. 이것이 디테일의 전부인 장욱진의 '독'. 그런데 이 그림은 참 이상합니다. 에로틱한 상상력과는 거리가 멀어 보이는 장욱진인데, 나는 이 그림을 들여다볼 때면 유니크하다고 할 어떤 에로틱한 정서를 만나게 됩니다. 따뜻한 검은 항아리. 그 항아

리는 마치 송진처럼 물컹거리며 녹아내리는 발효하는 빛들의 무덤 같습니다. 여러 세기 전에 황토 속에 묻혔던 옹관묘처럼, 이 항아리에는 따스하고 녹진녹진한 온기가 배어 있습니다. 이미 죽은 것들이 항아리 속에서 살을 섞고 상처를 비비고 만져주고 하면서 뭉클한 어떤 떨림으로 미세하게 진동하고 있는 듯한 느낌. 저물녘 뉘엿한 햇볕 속에서 그려졌을 법한 이 독에서 나는 오래 묵어 끈적끈적해진 달빛의 몸을 만지게 됩니다. 달빛이 쟁여지고, 산 것과 죽은 것들이 쟁여지고, 바람이 쟁여지면서 달의 즙—신성한 넥타로 발효하고 있을 것만 같구요. 깨복쟁이 아이들이 놀다 지쳐 항아리 속에 들어가 젖먹이처럼 달의 즙을 빨아먹다가 잠들어 있을 것 같고 시인 백석이 가엾이 여겨 문밖으로 내어보내준 아가 거미가 항아리 속에서 엄마 거미를 찾아 젖을 빨고 있을 것 같고…… 장욱진이 즐겨 그리던 해와 달과 나무와 귀 없는 소년들과 새와 풀과 꽃들이 저 속에서 몸을 얻어 나왔겠구나, 하는 기이한 느낌에 빠질 때가 있습니다. 근원을 알 수 없는 기이하고 따뜻한 에로티씨즘. 그 근원에서 어머니의 따뜻한 팔이 나를 감싸안습니다.

달의 숨

저물녘 천천히 어둠이 내리는 방안에 가만히 누워 있는 것을 나는 좋아합니다. 음악도 꺼버리고 아무것도 하지 않고 단지 가만히 누워 이 별이 하루분의 여행을 마쳐가는 것을 가만 바라봅니다. 어둠이 내리기 시작하여 완전히 어두워질 때까지 불을 켜서는 안됩니다. 밤의 어둠을 대낮처럼 밝히는 일은 어둠에 대한 모독일 것입니다. 밝은 날 활기있게 일하고 놀며 어두워지면 그 어둠을 영접하여 몽상과 휴식의 시간을 갖는 것이 자연스러운 시간의 율동이니. 밝음이 사라지고 서서히 어두워져 완전한 어둠에 들기까지, 혹은 완전한 어둠으로부터 서서히 희부윰해지며 밝음에 드는 경계의 시간을 나는 사랑합니다. 경계를 지나며 숨을 고르기 시작하는 어둠속에 가만히 누워 있을 때 충만해지는 존재감. 나는 속삭이게 됩니다. 나는 이 별의 사람이구나. 낮고 작은 이 별에서 들숨과 날숨을 빌린 사람이구나.

눈을 감아도 떠도 완전한 어둠일 때 나는 천천히 자리에서 일어납니다. 자리에서 일어나 내 뼈들이 착하게 누워 있던 침대를 바라보지요. 아무것도 보이지 않는 그 어둠속으로 희미한 달빛이 비쳐들기 시작하고 나는 내 침대에 누워 있던 내 뼈들을, 더러 저만치 어긋나 있기도 하고 오래 아파서 닳아진 뼈들을 제자리에 맞춰놓고 노래를 읊조리기 시작합니다. 그것은 달의 노래. 밤마다 달이 지구를 향해 읊조리는 치유와 생성의 노래이지요. 부스스 일어나기 시작하는 내 흰 뼈들. 달빛이 스며들고 살과 피가 엉기기 시작하는 시간.

로바(La Loba)를 떠올립니다. 사막에 전해오는 전설의 여인. 만물의 뼈를 모으고 그 뼈들에 생명의 온기를 불어넣는다는 늑대여인 로바의 동굴은 갖가지 뼈들로 그득하다고 하지요. 사슴과 방울뱀과 까마귀들의 뼈, 모래 속에서 사는 온갖 곤충들의 뼈, 선인장의 뼈도 있을지 모릅니다. 그녀가 특히 좋아하는 것은 사막을 어슬렁거리던 늑대의 뼈라고 하지요. 까마귀나 독수리들이 물어다 흩어놓은 뼈들을 차근차근 모은 후에 원래의 형태대로 뼈들을 늘어놓고 피워놓은 자그만 불 옆에 앉아 그녀는 노래부르기 시작한답니다.

나는 눈을 감고 몽상합니다. 달밤…… 달밤일 거라고, 이미 죽은 것들에 숨을 불어넣는 로바의 노래를 들을 수 있는 그 밤에도 달이 떴을 거라고. 사막의 살갗을 어루만지며 따뜻한 물처럼 사막의 몸 속으로 흘러드는 달빛 아래에서 깊어지는 로바의 노래. 사구에 흩어진 내 흰 뼈에 스며드는 달빛, 달의 노래. 늑대의 뼈에 살이 생기기 시작합니다. 희보얀 젖이 돌듯 피가 돌기 시작하고 긴 속눈썹이 파르르 떨리기 시작하고 마침내 갈기를 바람에 휘날리며 달려가는 은빛 늑대. 달빛 속에서 목숨을 얻은 내 뼈들이 달을 향해 긴 울음을 울고는 달려가기 시작합니다. 할일을 마친 늙은 여인이 조그마한 모닥불 하나 지펴놓고 사막의 달을 바라봅니다. 달빛을 이불삼아 로바도 잠이 들고, 태양의 날이 오면 로바는 또 어느 사구를 어슬렁거리면서 이름을 잃은 뼈들을 주워모으겠지요.

어둠이 내리는 방에 가만히 누워 나는 사막의 달과 몸을 섞는 늙은 로바를 상상합니다. 그리고 천천히 내 몸을 만져갑니다. 내 몸이 모두 열리고, 그 몸은 삶도 죽음도 아닌 바르도의 경계로 다가갑니다. 따뜻해지는 달밤, 아득한 쾌(快) 너머로, 달의 아이들이 내 몸 속으로 건너옵니다.

순간, 숨, 프시케

모네의 자연

오늘은 당신과 함께 모네의 지베르니 정원에 가고 싶습니다. "일전에 약속한 대로 월요일에 꼭 와주시기 바랍니다. 우리집 붓꽃들이 활짝 피어 있을 테니까요. 그보다 늦게 온다면 꽃들이 지고 말지도 모릅니다." 지베르니에서 모네가 그의 벗에게 보낸 편지는 내 발목에 작은 보랏빛 은종을 매달아줍니다. 걸을 때마다 들릴 듯 말 듯 수면 아래로부터 공명되어 울리는, 울리는 순간 물동그라미로만 소리의 세계는 수렴되고 나는 그 정적 속에 아주 천천히 물무늬들을 헤아려갑니다. 물밑에서 수련 대궁이

한치쯤 더 자랐구나, 수련이 저를 여는 소리가 곧 들리겠구나, 하면서 말이지요.

모네는 나에게 자연을 대하는 마음의 성(聖)과 속(俗)을 보여줍니다. 붓꽃이 개화하는 때를 기다려 그 절정의 순간을 사랑하는 이들과 함께하고자 하는 마음. 영속하는 자연의 순간의 진실 앞에 저토록 극진한 오체투지를 할 수 있는 이에게만 자연은 스스로 아름다움을 드러내는 법입니다. 꽃과 나무와 물과 바람과 햇빛이 끊임없이 스스로를 변주하며 내는 화음의 계단 맨 아래 칸에 무릎을 꿇고 오래오래 기다리며 응시한 이만이 얻을 수 있는 그의 화폭을 나는 사랑합니다.

당신도 알다시피 나는 '절대적인' 무엇인가를 표방하는 것들에 관심없습니다. 나를 지속시키는 힘은 세계의 이면에서 조용히 열리고 닫히는 숨결의 아름다움이며, 그 숨결과 만나는 일이 '순간'임을 직시하는 일의 잔혹함이며, 순간의 진실이 사라지고 다른 순간이 태어나는 그 순간들의 틈새를 몽유하는 즐거움입니다. 모네는 나에게 순간의 풍경을 영원의 풍경으로 직조하는 방법을 자연의 색채로 보여줍니다. 블루, 레드, 화이트 따위로 구별되는 인간의 색, 이 딱딱하게 죽은 색들이 거짓이라는 것을 인정하는 일, 그리하여 그리는 이의 편견으로 특화된 부동의 선과 색을 바람과 햇빛 속에 풀어놓고 자연이 스스로 인간의 거짓된 색을 용서할 때까지 기다리는 일이 얼마나 아름다운 것인지

모네, 수련

보여줍니다. 하여 어느 때, 영원을 담지한 한순간이 불현듯 열리고 순간의 색채들, 순간에서 순간으로 유영하는 저 끊임없는 유동성의 빛깔들이 부빙(浮氷)처럼 화폭을 스쳐갈 때, 세계의 한순간이 심연에 닿습니다.

심연이라고 나는 말하였습니다. 빛과 바람의 주름을 따라 달팽이관처럼 이어지는 길, 처음이며 끝인 그 길에서 아득하게 열리는 물의 자궁 속으로 당신과 내가 흘러듭니다. 모네의「수련」 연작은 양수 속을 떠다니는 세계의 한순간에 대한 기록이며 인간의 심연인 자연, 아름답고 슬픈 어머니들의 중얼거림을 담은 녹취록입니다. 자연 앞에 지극히 겸손하고 성실하였던 모네가 말년의 작업으로 수련에 매달린 것은 어쩌면 당연하지 않을까요. 양수의 유동과 부엽(浮葉)들, 매순간 다르게 흘러드는 빛의 수압 속에 물거품들이 중얼거리는 소리를 들으며 그는 저 카오스의 심연으로 다시 돌아가야 할 죽음의 때를 직감했을 것입니다. 그가 사랑했고 그를 사랑한 어머니들이 그를 거두어가야 할 때를 위해 길었던 몽유의 순간들을 한점 수련잎 위에 얹으면서 말이지요.

하여 나는 모네의「루앙 대성당」 연작을 성과 속의 경계에서 어머니인 자연 앞에 봉헌하는 대속자(代贖者)의 꿈으로 읽습니다. 고딕으로 정형화된 성당의 외곽은 아침, 한낮, 저녁으로 건너가는 태양의 길과 바람에 용해되어 무화된 원형의 그림자로 일렁입니다. 그것은 꿈꾸는 구근(球根), 자연의 질료로 빚어진 꿈꾸는 웅덩이입니다. 직립한 기둥들이 웅덩이 속에 녹아들고 두근거리는 구근의 심장 박동이 대기 속으로 적막한 산보를 시작할 때, 속화의 양식으로 존재하는 인간은 무력하여 비로소 아름다워집니다. 오만한 힘의 양식으로 비루해진 인간이 어머니 앞에 스스로 무력해질 때, 이 구도의 순간을 나는 사랑합니다.

이제 나는 햇빛을 담뿍 받고 흔들리는 포플러나무 아래를 당신과 함께 지납니다. 미나리꽝과 괭이발톱풀이 자라던 소롯길을 따라가는 당신과 나의 산책길에 모네의 「포플러」 연작이 펼쳐집니다. 야생 메밀꽃이 간지럼을 태우는 둔덕에 앉아 이유없이 들고 온 책의 아무 페이지나 펼쳐놓고 우리는 바람과 햇볕에 온몸을 맡기고 흔들립니다. 투명한 잎새로 흔들리는 당신을 바라보며 내 우듬지로 수액이 흘러들지요. 아, 나는 일렁이며 나를 감싸안는 바람이 펼쳐진 책장을 어느 방향으로 넘겨갈지도 알 것 같습니다. 이렇듯 섬세하게 드러나는 바람의 길. 그 길에서 만나는 지베르니의 에쁘뜨 강변 포플러나무들은 어느날 문득 이 별에 다다른 순례자의 모습을 떠오르게 합니다. 대기와 물속, 두 개의 차원을 함께 살며 수평의 대지와 수직상승하는 기도가 만나는 자리. 그러나 이 별은 둥글어서 실은 수평도 수직도 없고 그저 흘러가는 바람의 길 위에 부려진 구름과 햇살의 흔적들이 있을 뿐. 이 무아의 상태에서 하나의 차원은 둘, 셋,

모네, 포플러

넷, 다중의 차원으로 열립니다. 하늘과 물, 우주와 대지의 접신 목인 지상의 나무들이 바람 속에서 잎새들을 나부낍니다.

바람이 펼쳐놓은 페이지를 나는 소리내어 천천히 읽어갑니다. "저는 열매가 주렁주렁 달린 사과나무들을 소재로 작품 두 점을 그리고 있었는데 그만 도중에 포기해야 했습니다. 작업하던 곳에 도착해보니 사과라곤 눈을 씻고 찾아봐도 없었어요. 모조리 따버린 거죠. 정말 낙심천만입니다. 기억으로 그림을 그릴 수 있는 사람들이 너무도 부럽습니다." 푸훗, 웃으며 당신은 끄덕입니다. 낙심한 모네가 뒤레에게 보낸 편지는 자연을 묘사한 모든 그림이 현장에서 완성되어야 한다고 생각한 그의 정직한 미학을 보여줍니다. 이것은 수동형의 '반영'과는 다르며 자연에 대한 성실하고 진지한 애정 없이는 어떤 아름다움에도 도달할 수 없다는 깨달음의 고백이 아닐까요. 자연의 모든 사물들, 빛과 대기의 무한한 시정(詩情)을 결코 완벽하게 포착할 수 없는 인간의 한계를 깨달은 자의 고백, 이 고백은 필연적으로 붓놀림의 새로운 모색을 낳았을 겁니다. 아무렇게나 터치한 듯한, 시작과 끝의 완고한 닫힘이 없는, 터무니없어 보이는 빛깔들의 돌연한 출연과 순간에서 순간으로 도약하는 빛들의 혼융…… 그의 화폭에 숨쉬는 저 카오스적인 색채들은 카오스야말로 자연의 숙명이며 진정한 질서이자 아름다움의 단초임을 증거합니다. 순간을 사랑한, 순간밖에는 사랑할 수 없는 실존의 잔혹한 아름다움 말이지요.

　순간의 바람이 포플러 잎새 하나를 떨구고 갑니다. 잎새 하나만큼 나무는 가벼워지고 잎새 하나만한 무게의 알을 낳으러 먼 바다에서 연어가 회귀합니다. 또 한 잎, 어느 페이지 위로 포플러 잎새는 떨어지고 나는 그 잎새 너머 모네의「인상: 일출」속으로,「보르디게라」의 풍경 속으로, 내 고향 강릉 바다로 건너갑니다. "내가 바다를 얼마나 사랑하는지, 그리고 특히 이곳 바다가 얼마나 아름다운지 당신도 알 거요. (…) 난 바다가 나날이 더 아름다워진다는 것, 마치 여인 같다는 것을 이해할 수 있을 것 같소. (…) 나는 바다를 열애하오. 하지만 그녀를 제대로 알려면 매일, 한시도 빠짐없이, 늘 같은 지점에서 바라보아야 한다는 것 또한 알고 있소. 그래야만 그녀의 삶의 방식을 알 수 있다는 얘기요"라고 모네가 알리스에게 쓸 때, "내가 바다를 얼마나 사랑하는지……"로 시작하는 편지를 당신에게 씁니다.

　내가 바다를 얼마나 사랑하는지, 특히 이곳, 일출 무렵의 강릉 바다는 얼마나 아름다운지. 청량한 원소로 가득 채워진 아침 바다를 호흡하면서 내 영혼은 비로소 침착해집니다. 나와 바다 사이의 무한한 심연, 바다와 하늘 사이의 무한한 심연으로 붉고 아름다운 별 하나가 천천히, 순간으로 지나갑니다. 지구라는 이름의 별이 태양이라는 이름의 별 주위를 천천히, 순간으로 지나갑니다. 달이라는 이름의 별이 지구라는 이름의 별 주위를 천천히, 순간으로 지나갑니다. 내가 당신 곁을 천천히, 순간으로 지나갑니다. 탄생과 함께 죽음이 시작되는, 출발과 동시에 귀환하고 있는 저 모든 율리씨즈들의 숙명을 향해 나는 아름다운 멸망의 주문을 읊조립니다. 그리고 바라보지요. 나라는 심연과 바다라는 심연 사이 어떤 공간을 부유하는 '삶'이라는 이름의 무엇인가를. 이름을 알 수 없는 바닷벌레들이 발등을 타오릅니다. 모든 생명은 이토록 당돌하게 출현하고 또 귀환하는 것이겠지요. 그러므로 나는 이 세계로부터 시작도 끝도 구하지 않습니다. 다만 저 도저한 흐름에 몸을 싣고 순간에서 순간으로 유영하는 일. 나는 나의 몽유를 사랑합니다. 하여 아침 바다를 만날 때, 나는 열광할 수도 환호할 수도 없습니다. 그저 '이 풍경은 오래 전 어느 순간에 만난 듯하다'라고 입속에서 중얼거려볼 뿐. 사랑을 말하기 위해 사랑의 말을 버린 겨우살이처럼 말이지요.

당신과 함께 모네의 지베르니 정원에 가고 싶습니다.

하늘과 바다와 땅을, 이 고독하고 아름다운 어머니들을 사고팔고 점령할 수 있다고 생각하는 이 천박한 시대에 그곳은 당신과 나의 영혼의 풍경을 보여줄 겁니다. 바람으로 먹을 감는 꽃과 나무들이 있고 수련이 저를 여는 적요로운 음악이 있고 내 어린날을 키운 강릉 봄바다가 그곳에 있습니다. 솔숲 사이로 쏟아지는 햇빛 속에 당신과 나란히 누워 한나절 영원의 순간을 잠들었다 깨면 당신은 한그루 빛나는 은사시나무가 되어 있을지도 모르구요. 우리는 서로의 등을 두드려 몰래 내려온 물방울들을 털어내며 웃겠지요. 물방울들은 꽃잎 속으로 다시 여행을 떠나겠지요.

환하게 빛나는 저 겨울 나뭇가지

내 사는 마을 저쪽에 작은 놀이터 하나 있지요. 오늘 그곳까지 산보 갔다가 새 한마리 보았습니다. 놀이터 벤치 밑에 마른 나뭇잎 한장처럼 가붓하게 몸을 부린 새. 내가 알지 못하는 시간의 틈새로 홀로 날아간, 이제야말로 날기 시작한 죽은 새의 중량감 없는 무게가 나를 주저앉게 하였습니다. 가볍구나. 이토록 가볍구나. 죽은 새의 몸에는 찔레꽃 향기랄지 마른 옥수숫잎 냄새랄지 뭐랄까, 찡하고 여린 것들의 냄새가 소복하게 배어 있었습니다. 밤사이 내렸을 이슬이 다 말라 있었지만 아무도 새의 주검을 보지 못한 듯합니다. 나는 놀이터 안쪽 어린 버드나무 아래 착하게 잠든 새를 묻어주고 돌아왔습니다.

어린날 툇마루에 날아든 새의 깃털 하나를 뜰에 심은 적 있었지요. 그때 나는 무엇을 소망했을까. 어느 아픈 새의 꽁짓깃이었을 법한 내가 심었던 그 흰 깃털이 자라나 희고 눈부신 은사시나무가 되었을지도, 낮달이 자주 걸려 있던 미루나무가 되었을지도 모르겠습니다. 어쩌면 그때 그 흰 깃털을 심은 인연이 저 작은 새를 만나게 하였는지도 모르지요.

새의 삶과 새의 육신에 잠시 머문 저 여행자는 지금 어디쯤 가고 있을까요. 지금의 삶이라는 바르도를 건너 죽음의 바르도를 지나 다르마타라는 빛의 바르도에 지금쯤 닿았을까요. 삶 이후의 삶으로, 이미 무엇으론가 새로운 생성의 태반에 들었을지도 모르겠습니다. 그가 부디 몸을 벗고 이 불가피한 윤회로부터 벗어날 수 있기를 소망해봅니다만 나는 나를 가여워하기에도 참으로 벅찬 한 인간일 뿐입니다. 숲도 내도 없는 변두리 아파트 놀이터에서 고적하게 죽음을 맞은 저 새의 마지막 숨결을 지켜보아줄 수 있었더라면. 붓다는 숨결을 일컬어 마음을 실어나르는 수레라고 했다지요. 마지막 숨결을 지켜 그의 마음이 스스로 보호될 수 있도록 아름다운 만트라를 암송해줄 수 있었더라면.

바람이 불어 나뭇잎들이 차랑차랑 흔들립니다. 아, 저 바람의 만트라. 저 바람은 지난 밤을 놀이터에서 지새웠을지도 모르구요. 작은 새의 마지막 숨결은 평화로웠을지도 모르겠습니다.

다만 고요하게

오랜 지병을 앓던 어머니가 마른 삭정이처럼 가볍게 부러진 날이 있었습니다. 그 삭정이가 아직은 제 몸에서 습기를 다 거두지 못한 때문인지, '조금 더 가벼워져야 하느니라' 하는 말씀이 있은 때문인지, 다시 기력을 회복하셨지요. 어머니에게 너무나 빚이 많은 나는 감사하고 감사하였지만, 어머니가 머물렀던 병동에서 나는 숱한 주검을 만나야 했습니다.

대부분 노환의 병색이 짙은 이들이 머물던 병실. 죽음을 기다리고 있거나 기다림의 공포에 질려 스스로 탈진한 이들이 보이는 생에 대한 집요한 집착과 갈증. 안쓰럽고 징글맞아 복도로 나오면 창 아래 펼쳐진 영안실 풍경에 가슴이 덜컥덜컥 내려앉곤 했습니다. 병실이 답답해진 어머니가 산보를 원할 때에도 행여 영안실 풍경을 보게 될까봐 휠체어를 밀고 허둥지둥하곤 했지요. 죽음에 가까이 있는 이에게 들켜서는 안되는 무슨 금기처럼 말입니다. 그러나 어머니는 나보다 강한 사람이었습니다.

어느 주말이었지요. 같은 병실에 있던 팔순 된 할머니께서 그날따라 아침부터 분주하셨습니다. 종잇장처럼 창백하던 그분이 하루 한번 드레씽을 받을 때마다 비위가 상한 다른 환자들은 돌아눕거나 병실을 나가 있곤 했지요. 욕창으로 짓무른 야윈 등을 한번씩 닦아낼 때마다 피고름 젖은 거즈가 한무더기씩 버려지고 할머니는 신음조차 내지 못하고 축 널브러지곤 했습니다. 그런데 그날 아침 기력을 회복하셨는지 얼굴을 닦아달라, 환자복을 갈아입혀달라시는 것이었어요. 열한 명의 아이를 낳고 그중 아홉이 장성하여 짝을 다 맺었으니 다복한 양반이라며, 멀리 있어 못 오던 막내딸과 손주들이 오늘 온다고 간병인 아줌마가 말하더군요. 고대하던 딸과 손주들을 맞아 할머니는 참으로 오랜만에 화색을 찾으셨어요. 평소 몇순갈 뜨지 않던 미음도 막내딸의 손길에 착한 아기처럼 반 넘게 받아 드시더군요.

그날 밤 할머니는 운명하셨습니다. 한밤중 간병인 아줌마의 비명소리와 간호사를 부르는 다급한 목소리가 들려왔을 때 아, 그분이 운명하셨구나. 나는 직감적으로 깨닫고 눈을 떴습니다. 그리고 덜컥 겁이 나 어머니를 돌아보았지요. 죽음 앞에 인간의 이중성이란 이런 것이더군요. 늘 마음의 준비를 해오고 있었건만, 모든 생명이 누구도 예외없이 건너야 할 죽음이 내 가족과 지인에게는 서둘러 임하지 않기를 욕망하게 되더군요.

어머니는 이미 깨어 있었습니다. 간호사와 당직의사가 뛰어들어오고 할머니의 병상이 서둘러 응급처치실로 옮겨졌습니다.

산소마스크가 씌워지고 수혈과 심폐소생술을 실시하는 일련의 과정들이 분주하게 행해졌지요. 그러나 그 모든 과정은 의례적인 절차, 죽어가는 자에 대해 다분히 산 자의 관점으로 행해지는 요식행위 같은 것이었다고 할까요. 어떤 형태로든 남게 될 산 자의 부채감을 덜기 위한 한바탕 소란이라고 할까요. 죽음의 문에 들어섬으로써 육신의 평안을 찾은, 새로운 세계로의 여행을 위해 이제야말로 마음의 길을 정관(靜觀)해야 할 이에 대한 참된 배려가 아니었습니다. 종잇장 같은 육신이 심장마사지 기계에 의해 몇번이나 들어올려졌다 팽개쳐지는 사이 전갈을 받은 가족들이 하나둘 도착했는지 울음소리가 터져나왔지요. 가족 중 한 남자가 병실로 들어와 할머니의 병상을 치워달라고 부탁하고 간병인 아줌마에게 그동안의 급료를 계산하고 나가기까지 그 모든 분주한 과정을 지켜보던 엄마는 한말씀 하시고는 다시 자리에 누우셨습니다.

"시끄럽구나…… 시끄럽게 하지 말아라. 시끄러운 건 싫다."

한평생 무지렁이 아낙으로 살아온 내 어머니가 자신의 죽음 앞에 '고요함'을 주문했을 때, 나는 진심으로 그 말씀을 받아들일 수 있었습니다. 아, 이 분은 모든 준비를 마쳤구나. 허락되어진 어느날 가볍게 내리기만 하면 되겠구나.

자라나는 모래

나는 죽는 순간의 내 의식의 전이를 고요하고 명징한 상태에서 바라보게 되기를 원합니다. 수없이 거듭했을 것이나 기억하지 못하는, 어떤 카르마에 이끌려 빨려들어간 어머니의 태반에서 최초로 눈뜬 나의 의식은 어떤 빛깔이었을까. 하늘과 땅이 처음 만난 때처럼, 정수리로부터 내려오고 단전으로부터 떠오른 두 기운이 만나 '나'의 '가능성'이 출발한 그때처럼, 그 모든 흐름의 역과정을 생생히 인지할 수 있기를 원합니다. 그리하여 나의 모든 의식이 명백히 깨어 있는 상태로 근원의 문으로 들어설 수 있기를. 마지막으로 나 자신과 정면으로 마주할 수 있기를.

한때 나는 자살에 매혹된 적이 있었습니다. 아니, 매혹이란 말은 적절치 않은 것 같네요. 자살에의, 죽음에의 충동은 한 인간의 전생애를 관통하는 무의식의 자장 속에서 거의 자연발생적으로 내재하는 것인지도 모르겠습니다. 내가 최초로 연필 깎는 칼을 손목에 대본 것은 초등학교 6학년 때입니다. 무슨 뚜렷한 이유도 없이, 그저 그 행위가 주는 어떤 비감함을 즐긴 것인지도 모릅니다. 그보다 어렸을 땐, 빨간 싼타클로스 모자를 사달라고 떼를 쓰다 "죽어버릴 거야!" 하고 으름장을 놓았던 기억도 있습니다. 죽음에 대한 명징한 인식 없이도 죽음을 걸고 하는 협박이 최고의 승부수라는 걸 어린아이들은 본능적으로 알아채곤 합니다.

삶과 죽음에 대해 의식적인 사고를 하게 되면서, 나는 훨씬 더 빈번히 자살에 매혹되었습니다. 부당한 생. 부당하므로 싸움을 포기할 수 없는 오기의 순간들마다 자살에의 충동은 안식과 평화의 기표로 내 마음의 지도 위를 떠다녔습니다. 부호들만이 빼곡한 암사지도. 명명되어 기착할 수 있는 지명을 얻을 수 없는, 결국은 이 모든 것이 환(幻)일 뿐인, 판독할 수 없으나 판독에의 의지를 강요하는 내게 던져진 이 한장의 지도로부터 벗어나고 싶구나. 생의 지도 위에 존재했었다는 찰나의 존재감조차 걷어버리고 풀잎처럼, 흔적없이 그만 내리고 싶구나, 하는.

생각해보면 아직 젊은 날, 삶이라는 폐곡선 위의 임의의 두 점을 이룬 것은 삶 이후의 삶—죽음에의 욕망이었던 것 같습니다. 하나의 점은 수시로 찾아드는 생의 피로감으로부터 도망치고 싶다는, 또하나의 점은 나의 의지와 무관하게 세상에 나를 던져놓은 신에 대한 복수로서. 동일한 본질의 서로 다른 두 얼굴이 연결되어 이루는 선분 위에서 위태롭게 물구나무서며 스물아홉 해를 살았습니다. 살아내는 일 자체의 피로감과 생을 견디고 있다는 느낌으로부터 시시로 도망치고 싶어했고, 세상에 던져진 존재로서의 불안감이 극대화될 때 나의 탄생을 주재한 어떤 부조리한 인과에 대한 복수로 자살을 꿈꾸었지요. 아직 젊었던 그 많은 날들 속에서 '복수'라는 말이 내게 선물했던 유치하리만큼 비극적인 뉘앙스의 희열과 쾌감이라니.
 그러나 나는 용기가 부족했습니다. 어쩌면 애초부터 나는 자살을 통한 궁극적 안식을 믿지 않았는지도 모릅니다. 다만 금기된 영역을 어슬렁거리는 일, 반역을 도모하는 과정이 주는 카타르씨스를 은밀히 즐겼는지도, 단지 그 '즐김'의 틈새가 필요했는지도 모릅니다. 내게 있어 생이 비극인 것은 끝나고 말 것이기 때문이 아니라 또다시 시작해야 한다는 것에 있었으므로. 한 개체의 탄생과 성장과 영면이라는 직선적 세계관을 가질 수 있었더라면 나는 좀더 착하게 나의 생을 위로받을 수 있었을지도 모릅니다. 혹은 좀더 간단하게 자살에 이르렀을지도. 생의 유한성과 불연속성에의 공포란, 비껴갈 수 없는 카르마에 의해 운용되는 영속하는 순환적 세계인식의 공포에 비하면 얼마나 평평하고 순연한 것인지. 또다시 이 세계에 던져지고 말 것이라는 공포가 결국 지금의 생을 끌어안게 하였는지도 모릅니다.
 흐르는 모래의 강…… 누대에 걸친 죽음의 기억을 간직한 모래 알갱이들이 유사(流砂)를 이루며 흘러가는 낮꿈을 꿉니다. 흐르는 모래의 강은 개개의 모래 알갱이가 간직한 결절된 죽음의 단층을 넘어 역동적으로 출렁이는 생의 이미지를 낳습니다. 모래의 생성, 그것은 다른 자연물의 생성과는 다른 경로로 나를 매혹합니다. 그것은 파괴를 통해서만 생성되며, 거듭되는 무수한 죽음을 통해서만 모래로서의 생을 완성합니다. 극도의 미분화를 통해서만 '자라나는' 모래! 생사가 깍지끼고 유려하게 펼쳐 보이는 유사의 율동은 나 이전의 나, 그 이전의 나, 모래에서 자갈로 자갈에서 바윗돌로 바윗돌에서 거대한 암석으로 소급해 올라가며 아득한 시절의 나를 보여줍니다. 그 아득한 시차 속에서 미래로부터 과거로 흘러가는 기이한 연기(緣起). 한 생에서 다른 생으로 아름다운 그림자를 이끌고 건너가기 위해선 지금의 생과의 치열한 맞대결이 요구된다는 것을 자살을 꿈꾸면서, 유사를 꿈꾸면서 배운 셈입니다. 이 아이러니. 죽음에 대한 천착으로부터 삶에의 긍정이 시작되다니!

교실 모서리에서

죽음에의 사유를 통해 획득하는 생의 에너지. 나의 백일몽은 다시 엉뚱한 곳으로 점프하기 시작합니다. 인간 사회의 참으로 교활하고 잔인한 대목들을 만날 때마다 나는 가끔 상상하곤 합니다. 죽음을 공부하는 학교 같은 것 말이지요.

나는 16년간의 제도교육을 무리없이 이행(!)하였지만, 학교교육을 통해 내가 얻은 것은 학교 밖에서 얻은 것에 비하면 극히 미미합니다. 초등학교 6년의 시간을 제외한다면 중고등학교 6년은 거의 온전히 대학진학을 위해 바쳐진 소모적이고 제의적인 시간이었으며 대학 4년은 대학교육을 통해서가 아니라 교육 외적인 것들이 나를 키운 시간이었습니다. 누구나 그러해야 마땅한 관행으로 강제되었던 10년 세월이 아쉽습니다. 한 인간의 전생애를 통틀어 가장 빛나고 예민한 감수성을 지닌 십대에 우리는 훨씬 더 다양하고 풍부한 모험을 감행할 수 있어야 합니다. 규율화된 사다리 타기에 능란한 소위 사회의 엘리뜨들이나, 사다리 타기에서 낙오된 소위 열패자들이 제도화된 사다리 타기의 과정을 통해 배우게 되는 것은 결국 약육강식의 현실이며 경쟁과 정복의 역사입니다.

　우리의 학교교육은 이기적이고 물질적이며 파편화된 인간을 양산하는 공장입니다. 단언컨대 나는 세상이 좀더 평화로워지기 위해선 대중매체와 학교부터 사라져야 한다고 생각합니다. 역설적으로, 우리 사회가 좀더 나아지기 위해 가장 시급한 몸바꾸기를 해야 할 곳도 그곳이지요. 그러나 그것은 현실적으로 불가능한 공상이므로, 적어도 십대를 경유하는 학교에서만이라도 다른 종류의 가르침이 이루어져야 합니다. 가장 비효율적이고 가장 비생산적이라고 생각되는 것들—지난 세기를 돌이켜볼 때 효율성과 생산성이라는 말은 우리의 영혼을 얼마나 도탄에 빠지게 하였는지!—을 가장 풍부하게 공부할 수 있는 공간, 그리하여 한 인간의 영혼의 밑자리가 섬세하고 다양한 무늬들로 충만할 수 있게끔 도와주는 곳이 학교여야 합니다.

그리하여 나는 때때로 쓸모없는(!) 수업들을 제안합니다. 이를테면 지구별 곳곳에서 이미 멸망한 소수민족의 사어(死語)를 공부하는 시간이라든가 이미 멸종한 다양한 생물들의 상상도를 그리는 시간이라든가 '죽음'과 '죽음 이후'에 대한 작문시간이라든가 하는 것들 말이지요. 우리 사회는 이상하게도 가장 자연스러운 몇가지 사안에 대해 과민한 금기나 도덕적 포장을 강요하는 경향이 있습니다. 죽음의 문제가 그러하고 성의 문제가 또한 그러합니다. '죽음'과 '죽어가는 것'에 대해서는 지나치게 회피하려고 하는 반면 생을 욕망하는 방법들은 지나치게 차고 넘칩니다. 이 불균형은 교만과 방종을 낳는 동시에 보여지고 만져지고 획득할 수 있는 것들에 대한 뒤틀린 편집증을 낳습니다. 모든 태어나는 것들은 동시에 아주 자연스럽게 죽어가고 있으며 이 죽음이야말로 새로운 탄생을 담지하는 순환의 아름다운 마디라는 것을 '자기'라는 세계밖에 볼 줄 모르도록 훈련받은 놀랍도록 이기적인 인간의 아이들은 알지 못합니다. 이 별 위에 존재하는 모든 생명의 고리 속에서 인간이란 참으로 작은 하나의 마디에 불과할 뿐이라는 것을, 우리에게 주어진 생의 시간도 역시 그러하다는 것을.

우리는 잠시 빌려입은 육신의 안락을 위해 더불어 아름다워야 할 많은 것들을 파괴합니다. 삶의 '질'보다 삶의 '양'에 압도되어 엄청난 돈을 투자합니다. 투자된 돈은 더 큰 돈을 위해 다시 투자됩니다. 그러나 모든 인간이 결국은 직면하게 될 죽음을 가르치는 일에, 죽을 때 그들에게 무슨 일이 일어날지 이해시키는 일에, '지금' '여기에' '존재함'의 의미를 사유하게 하는 일에 우리는 한푼도 쓰지 않습니다. 나는 죽음의 의미와 죽음으로부터 배울 수 있는 것들이 자연스럽게, 충분히 제시되어야 한다고 생각합니다. 유한성의 자각으로부터 춤추는 하나의 별이 잉태되듯이, 우리의 무지와 오만을 깨닫고 자기 자신과 서로에 대한 지극한 연민과 사랑이 시작될 수 있기를. 더이상 이 별을 더럽히지 않고 평화롭게 살다가 평화롭게 죽을 수 있기를.

우주를 가로지르는 춤

예상보다 훨씬 일찍이거나 훨씬 늦게이거나 당신과 나의 죽음은 올 것입니다. 그때가 언제일지는 이제 내게 중요하지 않습니다. 단지 그것이 가까이 왔을 때 미리 알아챌 수 있는 밝은 눈이 내게 있기를 바랍니다. 나의 의식이 좀더 명확하게 깨어 있는 상태에서 적극적으로 죽음을 맞아들일 수 있기를. 마지막 호흡을 스스로 관(觀)하면서 나의 의식이 전이되는 각 단계들을 명료한 의식으로 대면할 수 있기를.

내가 알고 있는 모든 죽음 중에 아름다운 죽음이 몇 있습니다. 나는 가끔 그들의 최후를 상상해보고, 그 상상의 끝자락에 나의 최후를 비끄러매며 즐거워지곤 합니다.

그 하나는 스콧 니어링의 죽음. 『아름다운 삶, 사랑 그리고 마무리』 Loving and Leaving the Good Life라는 아름다운 책의 주인공인 헬렌 니어링과 스콧 니어링의 생애는 '삶의 질'에 대한 참으로 아름다운 가능성을 보여줍니다. 평생의 정신적 동지이자 연인이었던 그들이 반세기 동안 함께 땅을 일구며 깃들여 살던 자연의 품속에서 선택한 죽음의 방식은 아름다웠습니다. "스콧은 자기 힘이 아주 사라지기 전에 가고 싶어했다. 그이는 자신의 자유의지에 따라 가기를 원했고, 의식을 갖고 또 의도한 대로, 죽음을 선택하고 그 과정에 협조하면서 죽음과 조화를 이루고자 했다. 그이는 죽음의 경험을 피하려 하지 않았으며 스스로 기꺼이 그리고 편안하게 몸을 버리는 기술을 배우고 실천하기를 기대했다. 죽음으로써 그 자신을 완성할 것이다." 헬렌이 참으로 신뢰했고 아낌없는 존경을 바쳤던 스콧 니어링은 노쇠하여진 육신이 더이상 창조적인 일과 사유를 허락지 않을 때, 스스로 단식을 선택하여 죽음을 맞이하였습니다. 그것은 자신의 자유의지로 다른 차원의 문을 열어젖히는 새로운 경험이며 평화로움과 행복감 속에 이루어진 아름다운 마무리였습니다. 자신의 신념을 참으로 자유롭고 의로운 방식으로 실천했던 그들, 삶에서도 죽음에서도 자유인이었던 그들의 삶과 사랑과 죽음을 통해 나는 많은 것을 배운 셈입니다.

또하나는 붓다의 죽음. 붓다는 그 탄생과 죽음의 순간 모두가 경이롭고 아름다운 이미지로 가득 차 있습니다. 출산의 징후가 나타나자 마야 부인은 성스러운 숲 룸비니 정원으로 향했다지요. 그곳에서 그녀는 무우수(無憂樹)나무에 기대어서서 석가모니를 출산했다고 합니다. 나무에 기대어 아이를 낳고 있는 한 여인을 상상해보세요. 거칠 것 없는 하늘과 숲을 쓰다듬는 바람의 향기와 어머니 된 한 여인의 땀냄새와 드디어는 쏟아져 대지를 적시는 신선한 양수, 그리고 우렁찬 아이의 울음. 회백색 병원 천장과 수술대와 흰 가운을 입은 의사들을 먼저 떠올리게 되는 우리의 출산문화로는 감지할 수 없는 어떤 성스러움과 자연스러움이 룸비니에는 있습니다. 하여 나는 붓다의 탄생 장면을 상상하는 것만으로도 그윽하게 즐거워지곤 하지요.

붓다의 전생애에 걸쳐 가장 아름다운 순간들에 환(幻)처럼 겹쳐지는 나무의 이미지를 나는 사랑합니다. 무우수 아래서 탄생한 붓다는 신성한 보리수나무 아래서 꿈을 꾸고 너무도 인간적인 악몽에서 깨어나지요. 우주에 대한 직관적 이해가 존재의 저 밑으로부터 떠오르는 나무 아래에서 붓다의 꿈꾸기도 거듭 태어나고 거듭 사라졌을 것입니다. 붓다는 열반에 들 때 그의 육체의 마지막 힘을 다하여 제자에게 이렇게 말하였다고 합니다. "아난다야, 히라니아바티 강을 건너 쿠시나가리에 있는 나무숲

'살라'에 어서 가자꾸나. 머리는 북쪽으로 두고 두 그루의 살라 나무(사라쌍수) 사이에 나를 뉘어다오. 오늘밤 나는 완전히 숨을 거둘 것이다." 죽음의 때를 알고 '보잘것없는' 작은 마을을 택해 '보잘것없는' 어떤 나무 아래에서 열반에 든 붓다. 존재와 부재의 속성을 동시에 갖는 나무 아래서 그가 맞이한 최후는 거듭되는 최초였으며 명징한 의식으로 가장 나지막이 임한 자의 자연스러운 율동, 일테면 '우주를 가로지르는 춤' 같은 것이라고 나는 종종 생각하곤 합니다. 그리고 아득하게 평화로워지지요.

우주에서 영원히 사라지는 것은 없습니다. 세계는 율동이며 모든 생명체는 끊임없는 몸 바꾸기의 과정에 놓인 댄서들인 셈입니다. 개체의 아트만 속에 우주적 호흡인 브라만이 숨쉬며 동시에 그 역이 성립하는 범아일여(梵我一如)의 역동성. 세계가 비극이라면, 그것은 '죽음' 때문이 아니라 '인간의 삶'에 인간 스스로 부여한 오만한 의미들과 부질없는 욕망들 때문일 것입니다. 운명이 허락한다면, 나의 죽음의 순간이 지극한 고요와 평화 속에서 오게 되기를 간절히 바랍니다.

보이지 않는 것들의 세계가 창밖 저 겨울 나뭇가지를 환하게 흔들고 지나가네요. 섬세한 운율을 짚으며, 공기의 결들을 타고, 마른 나뭇잎 한장 떠오릅니다.

죽은 나무를 심다

따르꼬프스끼, 구도의 시학

"아주 먼 옛날 한 수도원에 늙은 수도승이 살고 있었단다. 그는 죽은 나무 한그루를 산에 심었지. 그리고 제자에게 말했단다. 이 나무가 다시 살아날 때까지 매일같이 정성을 들여 물을 주도록 하여라……"

아마도 1995년 겨울이었을 겁니다. 따르꼬프스끼의 영화 「희생」을 만난 것은.

그때 나는 먼길을 에돌아 비로소 시의 바다에 복숭아뼈를 담근 얼치기 문청이었고 몇번의 투고에서 낙방한 낙제생이었으며 왜 세상이 내 시를 몰라주는가, 조소하고 자만하던 스물다섯이었습니다. 내 기억에 그날은 갈퀴눈이 섞어치던 날이었고 긴 겨울의 끝자락, 남도 어디쯤에서 매화나 동백 소식이 들려오길 고대하며 소일하던 그저 그런 하루 중의 하나였지요. 영화가 시작되고, 소문을 좇아 만원사례를 이룬 극장 안은 훈훈했고, 지루하고 느린 롱테이크의 스크린 앞에서 관객들이 끄덕끄덕 졸기 시작할 때 나 역시 드문드문 졸았더랬습니다. 맙소사. 그토록 고대하던 영화 앞에서 졸다니요. 굳이 포장하자면, 정밀한 롱테이크의 화면 저 안쪽으로 펼쳐진 몽롱한 의식의 소롯길을 산보한 셈이라고 할까요. 하나의 씨퀀스에 내재된 시간의 압박감을 나는 견디지 못했던 것입니다. 그렇게 내 의식은 현실과 환(幻) 사이를 오가고 어느 순간 그가, 따르꼬프스끼가 나를 쳤습니다.

그가 나를 쳤다. 이 지극히 주관적인 경험을 어떻게 당신에게 설명하면 좋을까요. 「희생」의 줄거리는 단순합니다. 다소 권태롭기까지한 일상의 어느 오후에 3차 세계대전이 터졌다는 긴급 뉴스가 전해지고 불안과 위기감이 엄습합니다. 3차 세계대전이란 명실공히 핵전쟁이며 그것은 마지막 전쟁, 모든 것의 괴멸일 테니까요. 주인공 알렉싼더는 평생 처음으로 신을 향해 간절한 기도를 올리지요. 세상을 평화롭게 돌려놓을 수만 있다면 자신의 모든 것을 바치겠노라고. 세상을 구하기 위해, 최후의 희망을 위해 그는 하녀 마리아와 동침합니다. 현실과 환(幻), 맹세를 지키기 위해 그는 자신의 집에 불을 지르지요.
 이 단순한 줄거리는 그러나 정밀하게 선별된 시간의 음영 속에서 유장한 자기의 리듬을 타고 흐릅니다. 시간의 문을 열자 시간이, 그 문을 열자 또 시간이…… 흘러가는 화면에 대치하여 고립적으로 이 시간의 문을 열고자 안간힘 쓸 때, 분석의 잣대로 이 문의 재질과 크기와 두께를 재려는 관성을 버리지 못할 때, 우리는 지치게 되지요. 문제는 개아(個我)를 버림으로써 개아를 획득하는 일입니다.
 어느 순간, 영상 저편의 시간의 미로를 헤매다 문득 그 소롯길에 심어진 한그루 죽은 나무가 내 안에서 발견될 때, 나는 화들짝 놀라 깨어났습니다. 맙소사! 내 눈에선 눈물이 흐르고 있었어요. 말로 표현하자면 이를 데 없이 유치해지는 어떤 소마 상태에 나는 문득 들어가버린 겁니다. 그때 내 눈앞에선 희부윰한 새벽안개 속으로 드러난 한줄기 길을 따라 알렉싼더가 자전거를 끌고 마리아의 집으로 가고 있었지요. 마리아와 동침하며 소원을 빌면 소원이 이루어진다는, 이성적으로 따지자면 말도 안되는 희망을 구하러 미치광이처럼 길을 나선 그의 뒷모습. 정지한 듯한 카메라 앵글 속에는 어떤 장식도 기교도 현란한 수사의 아라베스끄도 없었으며 단지 한 절실한 영혼의 무늬가 입김처럼 배어 있었지요. 나는 울고 있었구요. 후훗, 졸다가 깨어나 돌연 눈물이라니요.

때로는 설명될 수 없는 것들이 더 진실에 가까울 때가 있나봅니다. 진실…… 이 감당하기 힘든 말을 천천히 발음해보고 나는 쪽창을 열어 하늘을 봅니다. 스모그가 잔뜩 낀 희부연 하늘, 이 도시의 사람들은 이미 오래 전에 하늘을 잊었습니다. 나는 어머니의 얼굴을 알지 못합니다. 이상을 향한 동경으로부터 예술은 태어난다고 하던가요. 삶의 배면을 흐르는 진실과 자유와 아름다움에의 추구, 모든 정직한 예술행위는 구도(求道)의 과정인 것입니다. 모순과 부조리함으로 가득 찬 삶이라는 난파선 위에서 한 예술가가 지난한 쟁투를 벌여갈 때, 그의 투쟁에 있어 유일하게 확고한 단초는 자신에 대한 믿음과 창조행위 속에서의 비타협성뿐입니다.

그림자의 영혼

자신을 구원하지 못하는 자는 세계를 구원할 수도 없다. 나는 따르꼬프스끼의 이 명제를 좋아합니다. 현대 대중문화의 숱한 폐해 속에 부박하게 표류하는 기형의 영혼들, 상품으로서의 가치를 떠나서는 그 정체성을 인정받을 수 없는 대중문화('大衆'이란 얼마나 위험하기 짝이 없는 개념입니까)라는 재앙 앞에서 우리는 자기 존재의 근본문제에 대해 생각할 여유조차 차단당합니다. 진실로 동경해야 할 것들을 상실한 난민들. 보트피플인 우리에게 아직도 예술이 필요한 것은 개아의 구원을 위해 개아를 버려야 할 지난한 드라마가 가장 핍진하게 현현할 수 있는 장이 예술이기 때문입니다. 진실을 향한 비타협적인 구도의 길. 이 고독한 길의 아들은 도저한 작가주의 영상으로 부박한 내 영혼을 쳤습니다.

1995년, 풍문으로만 듣던 따르꼬프스끼의 「희생」이 첫개봉되었을 때, 언론은 소란스럽게 떠들어대고 극장은 매진사태였지요. 따르꼬프스끼 붐이라고 할 만한, 어디에서나 말 되어지고 그러나 일정 부분 침묵해야 했던 그 얼마 후 거짓말처럼 따르꼬프스끼는 사라졌습니다. 끊임없이 새로운 '신화'가 제공되었고 스스로 상품이기를 열망하는 첨단의 영화들이 소위 '영화산업' '문화전쟁'의 기수로 도열해 있었으니까요. 그때 나는 두드러지는 두 부류의 관객들을 볼 수 있었습니다. 어렵다, 내 취향이 아니다, 저 지루하고 느린 롱테이크의 카메라를 견뎌야 하는 이유가 뭐냐, 일반 대중의 정서를 무시하고 있다,는 것이 그 한 부류였습니다. 아름다웠던 은자(隱者) 소로우는 『월든』에서 이렇게 말합니다. "위대한 작가의 작품들은 아직도 사람들에게 읽혀지지 않았다. 오직 위대한 작가들만이 이 작품들을 읽을 수 있기 때문이다. 대중들은 이런 작품들을 대충 밤하늘의 별자리를 읽어내는 수준으로만 읽어내는 것이다. 사람들은 장부를 기입하고 장사에 속지 않기 위해 셈을 배우는 것처럼 글읽기를 배운

다. (…) 우리를 달콤하게 잠들게 하고 우리의 지적 기능을 잠재우는 독서가 아니라, 발돋움하고 서듯이, 우리가 가장 또렷하게 깨어 있는 시간을 바치는 독서만이 참다운 독서이다"라고 말이지요. 현대를 사는 대중들의 정서는 많은 부분 다양한 매체들에 의해 만들어집니다. 미디어와의 접촉 빈도수가 대중의 기호를 만들어간다는 말은 팔할이 사실입니다. 이 다양한 매체들의 운동원리가 이윤의 창출로부터 자유로울 수 없을 때, 소위 예술이라는 이름을 사칭하는 문화상품의 생산과 소비 주체 사이에는 불가피하고 더러운 공모가 태생적으로 내재되어 있는 셈입니다. 대중의 부박한 소비취향이 저급한 문화의 생산을 야기하며 그 역(逆) 역시 똑같이 작동합니다. 더구나 현대라는, 죄많은 생각들로 더럽혀진 이 최악의 연옥에서 대중들의 정서에 부합하는 예술이라니요. 나는 이 위험한 덫을 차라리 무시하라고 말하고 싶습니다. 나는 인간을 쉬이 믿지 못합니다. 나는 혼이 깨어 있는 인간들을 지극히 소수밖에는 만나지 못했습니다. 나 역시 나쁜 피를 가진 인간이며 내 속에 존재하는 천박한 욕망의 실체들이 두렵습니다. 단 한순간의 일별로 어렵다, 대중의 취향에 부합하지 않는다,는 선고를 내려서 한 예술가의 미적 이상을 향한 싸움을 외면한다면 인간에게 예술은 밑빠진 독인 셈입니다.

　물론 나는 이상한 종류의 선민의식으로 포장된 또 한 부류의 인간들에 대해서도 조소를 금할 수 없었습니다. 소위 영화 매니

아를 자처하고자 하는 이들, 자신의 내공을 인정받기 위한 무슨 통과제의를 치르듯 야심만만하게 스크린 앞에 모여앉은 허풍쟁이들, 『정석 수학』이나 『성문 종합영어』를 떼듯이 따르꼬프스끼를 떼러(!) 모여든 문화탐식가들. 그들에게 가파른 세기를 살아낸 한 예술가의 위기의식은 과연 어떤 울림으로 다가갔을까요. "인류는 자연의 법칙을 무시하면서 다른 인간과 자연으로부터 항상 스스로를 고립시켜왔지. (…) 우리의 문명은 처음부터 죄악 위에 세워졌어. (…) 늦었어, 너무 늦었어!" 알렉싼더의 독백 뒤로 말 못하는 아들 고쎈은 들꽃잎을 잎에 물고 어린 짐승처럼 네 발로 풀밭과 나무 사이를 기어다니지요. 이 절망적이고 아름다운 영상이 침묵 속에 양각시키는 고요한 절규. 물질주의에 맞선 영혼의 싸움을 옹호하는 이 고독한 구도자는 영성(靈性)의 결핍상태에 대한 자기반성을 촉구합니다. 그러나 그는 설교하지 않습니다. 오직 영화작가로서, 영상으로 말하지요. 한 인간으로서의 그의 궁극적 관심은 시간 속에 내재하는 도덕적이고 내적인 본질이며 이것의 표현에 있어 한 영화감독인 그는 오로지 영화의 법칙으로 정면승부하지요. "나의 사명이 무엇인가 말해야 한다면 절대적인 것에 도달하는 것, 내가 영화를 통해 성취할 수 있는 것의 수준을 향상시키고 또 향상시키는 것"이라고 말하는 그의 고집은 예술가로 살기를 선택한 모든 이들이 마지막까지 밀고나가야 할 최후의 정신이 아닐까 싶습니다. 자신이 딛고 선 자기 그림자가 자신의 출구일 수밖에 없는, 한그루 죽은 나무의 꿈꾸기 말이지요.

죽은 나무 껍질에 손을 대다

나는 따르꼬프스끼의 롱테이크를 좋아합니다. 그의 영상은 긴밀히 짜여 있으면서도 여백을 가지고 있습니다. 반전에 반전을 거듭하며 일방적으로 전개되는 스토리가 아닌 장면 장면 한편의 회화를 만나듯이 곱씹어 아로새겨진 롱테이크의 쇼트들은 관객에게 '창조적인 참여'의 여지를 남깁니다. 길고 느리게 클로즈업되는 인물들은 나에게 말을 걸어오고 영상 속의 상징들을 되새김하며 음미할 수 있는 여유를 주지요. 최초의 충격에서 여진까지, 한 상처받은 영혼의 미세한 떨림이 종내는 내 속에 하나의 소롯길을 놓습니다. 그 길은 일종의 명상으로 이끄는 길이며 나는 그 길을 따라가다 한그루 죽은 나무를 만납니다. 나는 그 죽은 나무의 껍질에 손을 대보고 싶은 충동을 느끼지요.

그것은 마치 오래 전 돌아가신 할아버지, 평생 가난한 유생이며 농부였던 조부의 마지막 얼굴을 대하며 느꼈던 충동과 비슷합니다. 강포 수의에 싸여 긴 침묵의 시간여행을 시작한 한 인간의 적막하고 주름진 얼굴에 나는 두 손을 대보고 싶었습니다.

그 주름살의 굴곡, 시간의 마술이 빚어낸 그 '늙음' 위에 내 손을 포개면 '생'의 다른 이름인 '죽음'이 이미 꿈꾸기 시작한 또 다른 '생'의 미세한 떨림이 만져질 것만 같았습니다. 고가의 서까래나 오래된 돌탑에 피어나던 푸른 녹청처럼, 이미 죽어 있는 것들 속에 깃들인 두근거리는 '생'의 느낌 말이지요. 나는 천천히 스크린을 향해, 죽은 나무 둥치의 터지고 갈라진 껍질을 향해 손을 내밉니다. 그러면 만져지지요. 봉인된 시간의 여울이 만들어내는 내밀한 무늬들의 움직임. 내 속의 오래된 내가 불현듯 나를 돌아보지요.

이 '문득' 만져지는 지극한 세계. 이 세계로 나를 이끄는 힘은 세련된 영화기법과 사건 전개의 흥미진진함에 의존하는 영화로는 불가능한 무엇입니다. 오히려 의식적인 과장을 불러일으키는 모든 수단을 포기함으로써 이르게 된 어떤 완전함의 세계이지요. 무언가 별나고 의미심장한 것을 만들어야겠다는 의도는 필연적으로 과장을 동반하고 요란스러워집니다. 이 '요란스러움'을 '무언가 말했다'로 착각할 때 영화는 천박해지고 '문득'의 세계는 소멸합니다. 아마도 이것은 모든 예술장르의 공통된 속성이 아닐까 싶어요. 일상의 속도 속에 편승되었을 때는 감지할 수 없는 영혼의 떨림, 이 미세한 꿈틀거림은 반(反)속도, 반(反)물질의 상태 속에서 섬세하게 진동합니다. 침묵이 아니고서는 말할 수 없는, 속도를 버리지 않고는 만질 수 없는 시간의 결들. 매번 따르꼬프스끼의 영화를 볼 때마다 다른 질감의, 다른 차원의 명상에 잠기게 되는 것은 의식적인 과장과 흥미를 철저히 포기한 이 '지루하기 짝이 없는' 영상의 힘이 아닐까요.

좋은 예술작품을 감상하는 데 논리적으로 분명한 이해는 그리 중요하지 않습니다. 민감하게 깨어 있는 영혼이 필요할 뿐이지요. 진정한 예술작품은 거의 항상 양면성과 이중적 의미를 지니며 삶 자체처럼 다차원적이다, 라는 말은 분명 옳습니다. 그것은 필연적으로 그렇게 되는 것이지 창작의 의도로 획득되는 것은 아니지요. 사람들은 종종 따르꼬프스끼의 영화를 난해하다고 합니다. 대부분의 그의 영화가 오히려 지극히 단순한 스토리 구조를 가지고 있음에도 불구하고 말이지요. 관객들이 느끼는 이 난해함은 어쩌면 하나의 영상이 관객에게 불러일으키는 복잡미묘한 자신의 내면풍경 때문이 아닐까요. 시간 속의 시간, 흘러갈 시간들이 이미 흘러온 시간의 저편에서 문득 고개를 들 때, 알고 있으나 알지 못하는 그 얼굴을 대하며 느끼는 당혹스러움 같은 것 말이지요.

물 위의 잠

'내면의 풍경……' 이라고 써놓고 잠시 쉬었습니다. 쑥차를 달였지요. 봄들판 어느 양지바른

곳을 거닐다 문득 따 말린 어린 쑥잎들이 아슴거리는 향기를 피워올립니다. 봄볕이라든지, 해토머리 무렵의 싸아한 이슬이라든지, 잠시 스친 미풍의 향내 같은 것. 나는 찻잔에 코끝을 대고 시간의 회귀 가능성에 대해 잠시 생각합니다. 우리가 살아온 시간이 우리의 영혼 속에 양각시킨 바로 오늘의 기억, 그 정각(正覺)한 시간의 새를 어떻게 꺼내야 할까요. '잃어버린 시간'을 뒤쫓는 슬픈 존재인 인간은, 나는, 말이지요.

폐허의 지상에 하나의 '비밀구역'이 생겨나고 '구역' 어딘가 인간의 소망을 실현시켜준다는 '방'이 있습니다. 많은 이들이 찾아갔지만 돌아오지 못한 이곳을 당국은 '금지구역'으로 선포하고 비상경계를 폅니다. 이 '방'의 안내를 자처한 잠입자, 절망에 빠진 사람들을 이곳으로 안내해 소망을 이루는 것을 사명으로 생각하는 잠입자와 한 작가와 학자가 '금지구역'으로의 여행을 떠납니다. 많은 어려움 끝에 그 '방'에 도착한 작가와 학자는 '방'에 들어가지 못합니다. 누가 어떤 소망을 말하든, 말의 문제가 아닌, 그의 내면 깊숙한 가장 강력한 욕망을 성취시킨다는 '방' 앞에서 자신이 진실로 소망하는 것에 대해 확신하지 못하는 이들은 돌연 자신의 내적, 도덕적 상태가 비극적으로 불완전하다는 것을 깨닫게 되지요.

이것은 따르꼬프스끼의 영화 「잠입자」의 이야기입니다. 인간 내면의 풍경을 탐구하는 절망적이고 아름다운 로드 무비. 누구나 열망하지만 함부로 그 문을 열 수 없는 방, 누구나 한번쯤 서성거려보았을 그 방문 앞에서 인간의 비극적 실존 양태가 고스란히 드러나지요. 우리는 누구나 그 '방'을 향한 긴 여정을 시작한 길의 아이들입니다. '구역'을 안내하면서 잠입자는 디꼬브라스의 얘기를 들려주지요. 이 동경해 마지않는 방으로 오면서 디꼬브라스는 자기 때문에 죽은 형을 소생시켰으면 하는 소원을 갖고 있었다지요. 그러나 그가 방을 나와 집으로 돌아갔을 때 그는 엄청난 부자가 되어 있을 뿐, '방'은 그가 실제로 원했던 가장 비밀스러운 소원을 성취시켰던 것이었지요. 성취하고자 노력했던 것과 성취된 것 사이의 괴리. 이 불완전함, 이 불균형을 깨달은 디꼬브라스는 자살을 선택하고 말았다고 합니다. 그 '방' 앞에서 나 역시 괴로웠습니다. '방' 앞에서 서성거리다 돌아가는 무수한 '나들'의 옷깃을 부여잡습니다. 가여워라, 이내 놓아버립니다.

하나의 영상이 내 속에 또하나의 소롯길을 놓습니다. 물 위의 잠. 잠입자와 그 일행이 휴식을 취할 때, 그 정지된 듯한 고요 속에 정맥처럼 스며 있는 물의 이미지. 찢겨져 한번에 뿜어나오는 피가 아니라 오래도록 쓰닥거린 살갗에서 조금씩 배어나기 시작한, 고이면서 흐르는 핏물 같은 물 위에서 이 고독한 안내인은 모로 누워 잠을 청합니다. 꿈 없는 잠, 꿈 없는 현실 속에 난파된 한 이방인의 몸시질⋯⋯ 놀랍도록 아름답고 절망적인

이 영상 앞에서 나는 문득 당신의 장좌불와(長座不臥)를 생각했습니다. 잠들지 않는 고행을 통해 진실에 다가가려는 자와 꿈꾸길 원하는 자, 현실과 환(幻)의 경계를 살아가는 인간 존재의 숙명이 이끌어낸 이 두 구도의 행위는 하나의 자궁에 착상된 일란성의 원형질이 아닐까요. 껍질을 깨고 날아오를 수 있다면, 그 비상의 종착지는 과연 어디쯤일지. 혹여 먼길을 에돌아 도착하게 될 곳은 출발지, 그 시원(始原)의 자궁 속은 아닐까요.

당신은 가끔 "출가해⋯⋯"라고 내게 말하지요. 지극함으로, 당신이 "출가"라고 말할 때, 그 길이 꿈꾸는 아름다운 진실 앞에 나는 고개를 끄덕거리지요. 그리고 도리질합니다. 당신이 홀연 속가를 떠나 엄정하고 치열한 구도의 길에 들어섰을 때, 나는 이 지독한 세간살이의 연옥 속에서 더욱 치열해지리라 다짐했습니다. 혼동할 수 없는 일회성으로 가득 차 있는 모든 존재의 순간순간을 이곳에서 만나겠다구요. 당신은 집을 떠나 영원의 집을 구하는 자, 나는 속세라는 불구덩이 집 속에서 문학을 통해 스스로의 구원을 꿈꾸는 자입니다. 물론 이 모든 열망들이 참으로 헛되다는 느낌이 들기도 하지요. 그 순간들은 불현듯 찾아들고 아니, 이 드난살이의 매순간에 내재하는 어떤 허무의식으로부터 끝내 자유로울 수 없을지 모른다는 생각을 하면서도 나는 이 싸움을 포기할 수 없습니다.

고백하자면, 먼길을 에돌아 문득 시(詩)가 내게로 온 이십대

초중반, 알지 못할 열망으로 습작을 시작한 얼마 후에도 나는 종종 회의에 빠지곤 했지요. 그때 당신을 찾아 처음으로 운문사에 갔습니다. 객방을 안내해주고 요와 이불을 가져다준 어린 비구니가 장지문을 닫다가 문득 고개를 돌려 내게 묻더군요. "출가하시려구요?" 천천히 나지막한 목소리로 물어오는 그녀의 눈빛, 나는 가슴이 두근거리고 있었어요. 이제 막 수도의 길에 들어선 듯한 나와 비슷해 보이는 연배의 비구니. 그녀의 눈빛은 사심없이 맑고 정결했으나 어떤 깊은 곳으로부터 물결쳐 올라오는 물너울 같은 흔들림, 그녀와 내가 공유한 슬프고도 내밀한, 몸 입은 존재의 흔들림 같은 것을 나는 보았습니다.

합장을 하고 그녀가 사라진 한참 뒤에도 나는 두근거리는 가슴을 쓸어내리며 객방 한 구석에 오두마니 앉아 있었지요. 아마도 출가를 결심한 이들이 주로 머무르던 방인 듯 나무책상만 하나 오롯이 놓여 있던 정갈한 방. 나는 무심코 책상 서랍을 열어보았지요. 흰 편지지와 볼펜 한자루 그리고 깨끗하게 닦인 머리빗 하나. 나는 한참 동안 그 머리빗을 들여다보았습니다. 반달 모양으로 촘촘하게 박힌 빗살, 장지문을 통해 들어온 저물녘 햇빛이 빗살 위에 잠시 머물다 사그라드는 사이, 시인이 되어야겠다……라고 나는 천천히 나지막한 목소리로 중얼거렸습니다. 내 문학이 도달할 수 있는 궁극의 지점에서 부끄럽지 않게 저이를 다시 만날 수 있어야겠다,라고 생각했더랬지요. 후훗, 이렇게 문득, 개연성 없이, 문학에 대한 나의 초발심은 이름을 알 수 없는 어린 비구니에게 빚졌습니다.

향수

　　　　　　　　　밤이 깊었네요. 어디선가 아카시아 향기가 물씬 건너옵니다. 기억하세요? 어린시절 당두마을 뒷산에서도 교동집 뒷산에서도 초여름 만개한 아카시아 꽃냄새가 지천으로 사무쳐오곤 했어요. 달큰하면서 이상스레 슬픈 냄새…… 밤이면 그 냄새가 더욱 짙어지곤 했지요. 어느 때부터인가 사람들은 아카시아나무를 홀대하기 시작했지요. 왕성한 자생력으로 산을 망치는 쓸모없는 나무라는 것이지요. 아마도 목재로서의 가치가 없어서든가 유실수도 아니니 실용가치가 떨어진다는 이유일 테지요. 어떤 숲도 인간이 관여하지 않는다면 그 나름의 생태적 조화를 이루며 스스로를 지켜냅니다. 베어버려야 하는 나쁜 나무라고 배워온 아카시아나무는 우리에게 얼마나 많은 추억을 만들어 주었던가요.
　튀밥처럼 하얀 꽃타래를 사발에 털어넣고 설탕을 조금 뿌려 밥삼아 군것질을 하기도 했구요. 아카시아잎을 하나씩 따내며 긴 하교길의 적막함을 달래기도 했지요. 별똥별을 보러 나간 마당에서 유성이 지나가길 기다리며 잎을 훑어낸 아카시아 줄기로 동생의 머리를 꼬불꼬불하게 만들어주기도 했구요. 밤이면 아스라하게 일렁이는 아카시아 꽃타래들이 허공에 뜬 흰 성처럼 신비롭기도 했지요. 어린 동생들이랑 나는 그 성의 옥탑방에 갇힌 가엾은 라푼젤이 긴 머리카락을 창문 밖으로 늘어뜨리고 왕자님을 기다릴 때마다 바람이 한소끔씩 불어오는 거라고 저마다 들떠서 소곤거리다 잠이 들곤 했지요. 그 유년의 어느 어름부턴가 당신은 11년이나 터울이 지는 어린 나에게 칼보다 강한 것이 펜의 힘이라고 말해주곤 했지요. 당신을 따라 뜻도 모를 『파우스트』를, 『그리스인 조르바』를, 『이방인』을 읽으면서 사춘기를 보내고 더이상 당신의 책을 훔쳐볼 수 없었던 이십대를 지나 이제 서른. 나는 아직도 아카시아 꽃타래를 보면 마음이 일렁입니다.

흰 꽃들, 화사한 꽃빛을 얻지 못한, 일테면 아카시아, 파꽃, 흰 접시꽃 같은 것들은 이상하게도 나에게 향수를 일깨웁니다. 그것은 고향에 대한 향수이기도 하거니와 그 이전의 무엇, 이상스러운 슬픔 같은 것으로 몸을 건너옵니다. 파를 팔러 간 엄마를 따라 시장통에 갔다가 혹여 같은 반 친구들을 만나지나 않을까 노심초사하며 파꽃 모갱이만 분질러대던 기억, 파밭을 매던 엄마가 호박넌출 아래서 소피를 볼 때 그 이상스레 평온해지던 따뜻한 둔덕의 기억 같은 것 말이지요. 오늘 따르꼬프스끼의 영화 「향수」를 세번째 보았습니다. 그리고 문득 당신에게 편지를 써야겠다고 생각했지요.「향수」는 나를 고향 강릉으로, 아홉 자식의 어머니에게로, 강릉 이전의 어떤 땅으로 데려갑니다.

"고뇌와 환희의 고결한 성모여, 굴욕의 성스러운 성모여, 고뇌의 자랑스런 성모여, 산고를 아는 모든 어머니의 어머니여, 어머니 된 자의 기쁨을 아는 성모여, 아이를 갖지 못한 괴로움의 성모여, 모든 이의 어머니인 성모여, 부디 저를 어머니가 되게 하소서." 출산을 소망하는 여인들의 의식이 이딸리아의 한 교회에서 치러질 때, 어머니 된 자의 기쁨을 아는 성모여, 아이를 갖지 못한 괴로움의 성모여, 나는 강릉의 어머니를 생각했습니다. 큰아들을 잃고 남아를 생산해야 한다는 불문율 속에서 아홉 번의 산고를 치른 어머니. 큰오라비의 돌연한 죽음이 아니었다면 나는 그녀의 태를 통해 지상에 오지 않았을 수도 있었던 존재입니다. 성모의 뱃속에서 푸드덕, 날아오르는 흰 새들. 길고 느린 영상은 분만의 흔적과도 같은 물웅덩이 위로 떨어지는 흰 깃털 하나에 오래도록 머무릅니다. 미세한, 어떤 혼의 떨림. 어머니의 울음. 일렁이는 아카시아.

「향수」는 18세기 러시아 음악가 쏘스노프스끼의 생애를 연구하기 위해 이딸리아에 온 러시아 작가 안드레이 고르차꼬프의 여정을 그린 영화입니다. 귀족의 노예였던 쏘스노프스끼는 이딸리아에서 최고의 명성을 얻었으나 조국에 대한 향수를 이기지 못해 노예생활의 위협을 무릅쓰고 러시아로 돌아갔다지요.

그토록 그리던 고향에서 술로 세월을 보내다 죽은 쏘스노프스끼의 흔적을 좇는 과정에서 그 자신 끊임없이 향수에 시달리던 고르차꼬프는 도메니꼬를 만나게 되지요. 도메니꼬는 파멸을 향해 가는 세상을 구하기 위해 자신의 희생을 각오한 순결한 미치광이입니다. 그는 전쟁과 불평등한 빈곤과 이기심으로 가득 찬 세상을 구하기 위해 분신을 결심하지요. 지상의 두 장소에서 같은 소망을 가진 불길이 동시에 타오를 수 있다면 구원이 이루어지리라 믿는 어린애 같은 믿음. 고르차꼬프는 도메니꼬를 한낱 가련한 '미치광이'로 취급하는 배부르고 이기적인 사람들의 '보편타당한' 생각으로부터 그의 믿음을 지켜야 할 내적 필연성을 감지하게 되지요.

미치광이들, 때로 그들은 진실에 좀더 가까이 있습니다. 분신을 통한 자신의 마지막 경고에 적어도 귀기울여줄 것이라고 믿는 우스꽝스럽기 짝이 없는 도메니꼬의 희망을 따르꼬프스끼의 영상은 잔혹하리만치 냉정하게 담아냅니다. 도메니꼬의 분신은 성자의 그것처럼 장중하지도 않으며 오히려 희화적이기까지 하지요. 퇴락한 유랑극단의 늙은 어릿광대처럼 그의 몸짓은 절실하지만 어설프고 절망적입니다. 느리게 움직이는 카메라, 그 앵글이 담아내는 것은 차갑고 담담하고 무표정한 군상들. 그 시간 고르차꼬프는 한자루 양초를 밝혀들고 말라가는 온천장의 더운 물을 건넙니다. 두 공간에서 동시에 타오르는 불, 절망적인, 기적을 위해.

고르차꼬프와 그가 흔적을 찾아가는 쏘스노프스끼와 현실의 도메니꼬는 하나의 원 속에 녹아든 어떤 흔적들입니다. 수직으로 직립한 이딸리아식 건물 앞에 나지막하게 수평으로 엎드린 러시아식 농가가 한채 있지요. 동일한 간격으로 직립해 있는 건물 기둥으로 인하여 화면에서 원근법의 구도가 사라지고 화면 전체가 하나의 웅덩이가 됩니다. 그 웅덩이가 천천히, 고요하게 일으키는 내면의 소용돌이. 과거와 현재의 경계가 무화되고 과거의 영역으로 존재하는 향수는 오늘을 향수하게 하지요. 물웅덩이 앞에 앉아 있던 것은 고르차꼬프이며 쏘스노프스끼이며 도메니꼬이며 나입니다. 하나의 영혼이 빚어낸 지극한 하나의 풍경. 카메라는 너무도 느리게 움직이고 동일한 염기쌍을 가진 빛과 그늘이, 물과 불이, 거울 속의 나와 거울 밖의 내가 조우합니다.

죽은 나무의 시

「향수」를 보면서 왜 나는 당신께 편지를 써야겠다고 생각했을까요. 그것은 아마도 따르꼬프스끼의 영상 속에서 당신의 그림자를 보았기 때문일 겁니다. "인류는 지금 낭떠러지 앞에 있어. 너희 몸 속의 물이여 불이여,

재여, 재 속의 뼈들이여. (…) 돌아가야 한다. 생명이 시작되는 곳으로, 물이 더럽혀지지 않은 곳으로." 도메니꼬가 외칠 때 당신은 가부좌를 틀고 면벽한 저 허공에서 삼라만상이 아픈 소리를 들을지도 모르겠습니다. 언젠가 운문사 뒷산길을 당신과 함께 산보하다 내 구둣발에 무심코 채여죽은 방아깨비, 다급하고 안타까이 극락왕생의 진언을 외워주던 그 심정으로 말이지요.

어린날 내가 당신에게서 깨어 있는 영혼의 아름다움을 배웠듯이 따르꼬프스끼의 영화에서 나는 시정신을 배웠습니다. 인간이 만들어낸 모든 악을 통틀어 가장 나쁜 악인 인간, 그 속에서 끝내 희망을 구하는 자의 절망이 빚어내는 영원의 목소리를 듣습니다. 나는 세계에 대해 작용하려는 의지를 버린 자이며, 단지 나 자신으로 머무르기 위해 노력하는 자일 뿐이지만 동시에 '나 자신'을 구하기 위해 선택한 내 문학이 닿아야 할 근원의 목소리를 찾는 자입니다. 그 꿈과 현실의 경계에서 나는 문득 당신이 그립지만, 당신도 나도 한그루 죽은 나무. 죽은 나무인 당신을 내 영혼의 소롯길에 심습니다. 죽은 나무인 나를 보듬어세우고 당신이 물양동이를 들고 내게로 옵니다. 언제쯤 죽은 나무에서 아카시아 향기 만발하여 저 후미진 골목길을 건너올까요.

육체, 연옥의 문

베이컨의 몸

어제도 밥벌이를 위해 일 나가던 길이었지요. 일년째 일주일에 두 번 나는 지하보도를 경유해 밥을 벌러 갑니다. 그 노파를 만난 건 석달 전이었어요. 지하계단 중턱에 한 노파가 연두색 플라스틱 바구니를 앞에 놓고 동냥을 하고 있었습니다. 아니, 동냥이라기보다는 '바구니'라는 화두를 앞에 놓고 참선을 행하듯 등신불처럼 앉아 있었다는 말이 맞겠네요. 그녀를 지하계단으로 내몬 어떤 정황에 대한 수치감이 그녀로 하여금 그렇듯 탈속한 표정을 인위적으로 짓게 했을 수도 있지만, 첫대면한 그녀는 이상하리만치 생생한 생의 질감으로 다가왔습니다. 일생 동안 한번도 익명의 대중을 향해 구걸해본 적 없음이 분명한 그녀의 입성은 깨끗했고 수줍은 듯, 허탈한 듯, 적선 따위엔 관심없다는 듯한 표정으로 그 자리를 지키고 있었지요. 당연히 그녀의 바구니는 동전 몇푼이 들어 있거나 비어 있는 날이 많았어요. 물론 나는 번번이 그녀의 빈 바구니를 그냥 지나쳤지요. 우습겠지만, 예순 해를 넘게 살아왔을 한 생애의 저물녘, 일말의 자존심에 대한 예의 같은 것이었다고 할까요.

한달에 여덟 번 그녀를 만났으니 어제가 스물네번째였겠네요. 단 석달 사이 그녀는 많이 변했습니다. 어느날은 플란넬 치마를 걷어붙여 지저분한 붕대로 친친 감은 앙상한 한쪽 다리를 내놓고 있기도 했고 한쪽 팔을 구부정하게 덜덜 떨며 머리채를 흔들어대기도 했습니다. 또 어느날부터인가 동전이 떨어질 때마다 넙죽넙죽 절을 해대기 시작했습니다. 맙소사, 단 석달 만에 말이지요.

어제는 최악의 날이었습니다. 다분히 연극적인 자세로 한쪽 무릎을 콩콩 두드리며 행인들을 향해 손을 내미는 그녀를 지나치려는 찰나, 내 바짓가랑이를 붙잡는 손길. 비내리는 날의 고압선처럼 징징 몸을 울며 각다귀 같은 그녀의 다섯 손가락이 내 발목을 붙잡았을 때, 아, 뭐랄까요. 명치끝에서부터 치밀어올라오는 광포한 살기. 그래요, 죽여버리고 싶다, 죽여버리고 싶다,

는 명백한 살의의 진언이 나를 휘감았습니다. 비굴하게 끔뻑거리는 눈곱 낀 그녀의 동공에 나의 시선이 멈추었을 때, 황폐한 우물⋯⋯ 그녀와 나 사이에 펼쳐진 연옥의 풍경을 보았습니다.

무엇이었을까요? 그토록 명백하고 광포한 살기는. 오로지 나의 것이었을까요. 내가 속하여진 인간이라는 종족을 이루는 근원물질 같은 것이었을까요. 단 석달 만에 그토록 황폐해질 수 있는 고깃덩어리, 영혼을 팔아 밥을 구할 수밖에 없는, 그녀를 이 지경으로 내몬 사회학적 육체성에 대한 살의였을까요. 나는 내가 두려웠습니다. 나는 나를 믿지 못합니다. 그녀도 나도 삶이라는 십자가에 못 박힌 붉은 고깃덩어리⋯⋯ 선혈이 흐르고, 푸들푸들 떨리는 근육들을 쪼아대며 까마귀떼가 날아듭니다. 음울하고 저주받은 식욕, 붉은 고깃덩어리. 붉게 짓무른 눈알의 그녀가 내가 쓰고 있는 껍질을 잡아 뜯습니다. 가죽 속에 안전하게 포장되어 있던 냄새나는 내장들을 파헤쳐 허공에 흔들어대다가 게걸스레 먹어치웁니다. 얼룩, 낭자한 붉은 얼룩이 지독한 생의 무늬를 이루며 흘러내립니다.

나의 몸—내가 속하여진 인간의 몸에 대해 나는 회의적입니다. 인체의 정밀하고 과학적인 메커니즘 어쩌고 하며 너스레 떨고들 있지만 무기물에서 온갖 생명체에 이르기까지, 바람 빛 모래 식물과 곤충들에 이르기까지 낱낱이 하나의 우주가 아닌 것이 있을까요. 우연한 사고로 저질러진 진화(사실 나는 이 지독히 인간 본위적인 '진화'라는 개념조차 역겹습니다. 발전해나간다는 것은 무엇인가요. 하등하다는 것과 고등하다는 것은 또 대체 무엇인가요. 각각의 생명군들이 다양한 특이점의 군무를 이루지 못한다면 도무지 이 별에서의 생명현상이란 무슨 의미일까요), 대뇌 용량이 커져버린 이 돌연변이의 유인원들이 이루어낸 것, 혹은 저질러버린 것은, 살육과 정복과 지배로 점철된 더러운 문명의 권좌가 아니던가요.

인간의 몸, 그 부스러지기 쉬운 육체는 자기 존재를 연명해가기 위해 끊임없이 벽을 쌓습니다. 융합하여 적응하는 것이 아니라 배타적인 교활함으로 모든 생명체의 정점에 군림하고자 합니다. 욕망은 욕망을 낳고, 이 지독한 욕망의 가속도 위에 이제 어찌해볼 도리 없는, 지배하지 못하면 멸망할 수밖에 없는 참으로 고독한 권좌에 오른 미치광이 왕. 자기 생명을 연장하기 위해 다른 생명을 실험도구화하고, 생산성과 인류에의 공헌이라는 이름으로 뭇생명들의 유전자를 조작하고 복제하는 데 한치의 거리낌없는 온갖 암거래시장의 주인인 아버지. '전인류의 진보'라는 이름으로 저질러온 모든 악행에도 불구하고 그 '인류'의 '다수'는 여전히 절대빈곤 속에 있고 그 '인류'의 '소수'는 넘쳐나는 물질적 풍요를 주체 못하는 이 희한한 야누스의 천칭이 닿게 될 바닥은 어디일까요.

하여 나는 바람에 속하고 싶다, 돌에, 나무에 속하고 싶다고 시시로 열망하지요. 그리고 종내는 그 무엇에도 속하고자 하지 않는 의지로 오늘이 아픕니다. 몸을 입지 말아라. 인간으로도 축생으로도 다시는 몸을 받지 말아라—원효가 사복의 어미를 땅에 묻으며 읊었다는 게송은 내게 닿지 못하고 피뢰침 위에서만 징징 울립니다. 그러나 나는 또 알고 있습니다. 오늘의 '나'란 과거 무수한 형체를 입고 있던 '나들'이 잠시 머무는 집이라는 것을, 그 숱한 엽맥이 찾아낸 길들이 한장의 가붓한 잎사귀를 기워냈다는 것을. 나는 하염없이 당신과 내가 속하여진 인간의 굴레를 벗기를 원하지만 이 별, 50억년 생멸을 주관해온 이 별의 역사 속에서 인간의 역사란 무수한 동심원의 한 마디에 불과할 뿐, 뒤집어줄 손이 없는 모래시계이며 필연적으로 사라질 존재의 시간이라는 것을.

만약 '인간의 시간'을 연장하고자 한다면 더 늦기 전에, 정말이지 더 늦기 전에 권좌에서 내려와 속죄의 피를 흘려야 할 나쁜 혈통의 적자들인 우리 앞에 놓여진 휴머니즘의 마지막 비상구는, 역설적이게도 반(反)휴먼, 탈(脫)휴먼임을 인간의 역사는 내게 가르칩니다.

이상화되고 과대포장된 인간의 껍질을 벗겨내어 그 속되고 적나라한 육체성 위에 한점 씨앗을 궁글리는 일. 나는 베이컨의

'몸'을 떠올립니다.

현대회화의 이단아적인 거물, 베이컨의 그림을 처음 보았을 때 나는 녹아내릴 듯 뜨거운 모래를 뒤집어쓴 채 개미귀신의 미로를 헤매었습니다. 내 것인 줄 몰랐으나 내 것임이 분명한, 나의, 우리의 내부에 현현하는 연옥의 묵시록. 그가 창조해낸 인물들은 추악한 괴물이었으며, 고깃덩어리였으며, 반인반수였으며, 그러므로 명백한 인간의 초상이었습니다. 찢기고 흘러내리고 발가벗겨진, 허위의 미의식이 거세된 제단 위에 그 물성을 고스란히 드러냄으로써 차라리 자유로워진 슬픈 고깃덩어리…… 그의 화폭이 휘두르는 무언의 폭력 앞에 나는 기꺼이 무릎을 꿇었습니다. 이것은, 진실을 향해 있다……

내게 첫 충격을 준「십자가 발치에 있는 인물에 관한 세 습작」은 2차 세계대전 중에 그려졌다고 합니다. 그보다 후에 그려진「십자가」연작의 한 인물은 나찌 완장을 차고 있습니다. 다양한 경로로 해석할 수 있는 사회학적 감식안을 차치하고라도 그의 일련의 연작들은 우리 내부의 악, 인간의 도덕률로 규정되기 이전의 악, 혹은 선악 이전의 그 무엇을 향해 민감한 그물을 던집니다. 겉모습이 아닌 본질의 포획. 핍진하게 인간의 내부로 육박해가며 얻어낸, 가죽이 벗겨져 있는 그의 '인물'들은 창조된 이미지라기보다 인성의 다양한 측면들이 조합되고 해체되며 한 덩어리로 끓고 있는 뜨거운 용광로입니다.

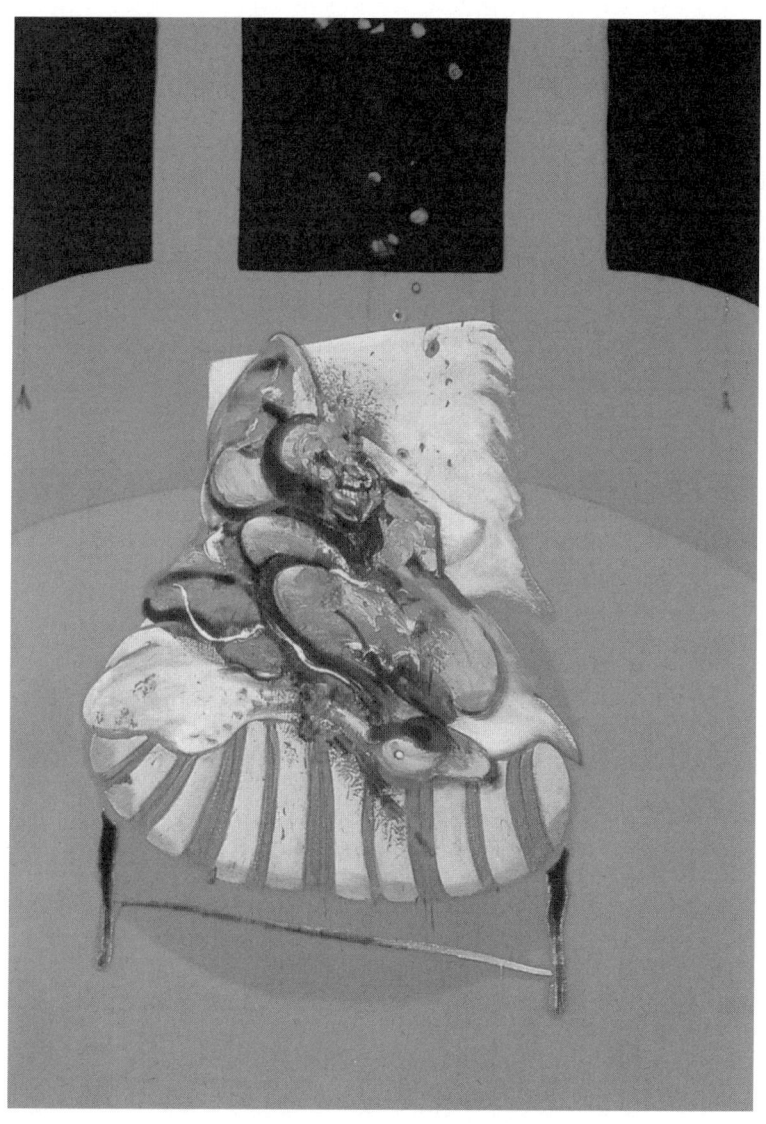

베이컨, 십자가 발치에 있는 인물에 관한 세 습작

종내는 자신의 치부를 고스란히 드러내게 될 형상을 주조하기 위해 끊임없는 풀무질을 해대는 이 대장장이 앞에서 나는 플라스마,라는 엉뚱한 단어를 떠올립니다. 보이지 않으나 존재함이 분명한, 6천도 이상 1억도에서만 융합되는 물질의 제4상태, 항성의 원료이며 성간물질인, 여러가지 비율의 농도로 천체에 차고 넘치지만 볼 수 없는, 만질 수 없는, 그러나 존재하는! 풀무질, 용광로는 점점 더 뜨거워집니다. 그가 녹여내어 캔버스에 옮겨넣는 이 물질의 이미지는 뜨겁고, 그악스럽고, 잔혹합니다.

강렬한 오렌지빛 붉은 방에 갇혀 절규하는 인물들이 묘사된 「십자가」를 테마로 한 일련의 작품에서 베이컨이 보여주는 인간은, 물어뜯고 후벼파고 빨아먹고 고통과 증오와 파괴와 살육으로 얼룩진 비명을 질러댑니다. 색정적이고 기괴한 이 괴물들의 절규는 고밀도의 프리즘 속을 빙빙 돌며 내가 애써 외면하려 했던 적나라한 육체성을 해상도 높은 필름 조각들로 분사해냅니다. 십자가에 못 박히는 예수. 많은 화가들에 의해 끊임없이 변주되어온 이 신성한 주제는 베이컨에 의해 육즙 흥건한 처절하고 고통스러운 육체를 입게 되지요. 신성의 고통스러운 상징으로 숭배받아온 십자가에 못 박혀 절규하는 고깃덩어리와 이빨을 드러낸 분노와 공포와 슬픔.

베이컨의 이 난폭한 화폭에서 나는 기이한 슬픔을 만납니다. 아름답고 치열했던 예수의 생애에 덧씌워진 관습적인 신성의 권위가 해체되면서, 도살장으로 끌려가는 동물의 고통스러운 육체의 떨림이 고스란히 십자가를 관통하면서, 나는 진정으로 산것들을 연민했고 그 역시 연민받기를 갈망했던 예수의 몸을 만나게 됩니다. 나이며 동시에 당신이기도 한, 나약함과 추함과 공포를 적나라하게 드러내 보임으로써 오히려 자유로워진, 내면의 외설스러움이 남김없이 토로된 후에 오히려 경건해진 찢어진 붉은 몸들을.

검붉은 자줏빛 방, 강렬한 오렌지빛 방, 절규하는 노란 방에서 육체의 비명이 끊임없이 들려옵니다. 베이컨의 그 방들을 들여다보다가 나는 불현듯 자궁 내벽의 이미지를 만납니다. 우리는 종종 자궁으로의 회귀를 꿈꾸지만, 우리가 꿈꾸는 근원의 방, 생명을 머금고 탄생시키는 장소라는 이유로 이상화되지 않은 자궁은 배설기관과 무엇이 다른가요. 배설과 순환이 없는 생명은 생명이 아닙니다. 배설물이라는 실체와 태아라는 실체는 동일한 질료로부터 출발한 생명현상의 안팎이 아니던가요.

물컹물컹한 살집으로 이루어진 폐쇄된 육질의 방에서 태아가 음울한 꿈에 젖어 있습니다. 자신의 의지와 상관없이 육체의 덫에 갇혀 세상으로 던져질 준비를 하고 있는 이 괴기스런 모양새의 태아에게 수태고지의 마리아란 어떤 존재였을까요. 삶이라는 병을 치러내기 위해 싸움의 원칙을 배우는 방. 이 방에서 태아는 모체로부터 양분을 빼앗아오는 방법을 배우며 약탈의 결실로 제 육신의 모양새를 갖춰갑니다. 사람들은 종종 임신한 여자를 아름답다고 하지요. 그러나 나는 육체적으로 아름다운 임산부를 본 적이 없습니다. 잉태와 생산이라는, 좀더 솔직하게 말한다면 자기 종족의 생산지라는 사회관습이 만들어낸 부풀려진 정서적 미감이 있을 뿐. 베이컨의 화폭은 이상화된 관념과 달콤한 세 치 혀가 만드는 허위의 미의식을 찢어발길겁니다. 찢겨져 너덜거리는 고깃덩어리로부터 붉은 핏물이 스며나옵니다. 나는 그 핏물에 혀를 댑니다. 붉고 비리고 뜨겁고 끈적한 피는 가죽을 찢어야 만나집니다. 핏물 홍건한 살점을 통과하지 않고는 아름다운 흰뼈를 만질 수 없습니다.

뭉개진 살들이 전투적으로 엉겨붙고 엉덩이와 성기만이 돌출하여 등장하는 「육체 습작」이나, 섬뜩한 섬광을 뿜으며 차라리 사악해 보이기까지 하는 두개골이 키들키들거리는 「머리」 연작을 보면서 연옥의 미로를 헤매는 혼의 풍경 때문에 나는 두려웠습니다. 자기 작품 전체를 습작으로 취급하며 쓰레기 매립지 같은 아뜰리에에서 끊임없이 인체와 싸워온 베이컨은 다양한 각도와 방식으로 인성을 조명하며 자신이 포획한 이미지들이 진실을 향해 있기를 열망합니다. 자신의 작품을 스스로 받아들일 수 있기 전까지, 부수고 깨뜨리며 진실을 향한 '우연'이 열리기를 집요하게 추구해온 그의 '육체성'은 온갖 모순의 편린 위에 존재해온 그 자신의 육체성에 대한 집착일 수도 있겠지요.

어머니 속옷을 입어보다 아버지에게 들켜 쫓겨났다는 열다섯 살 이후, 온갖 허드렛일과 인간사회의 지저분한 뒷골목 생활을 통해 그 자신이 속하여진 '인간'이라는 부류의 적나라한 삶의 양태에 익숙해진 그에게 최대의 물음은 '도대체 인간이란 무엇인가'였을 것입니다. 혹은 '봐라. 이게 전부다!' 일지도 모르지요. 정규 미술교육을 받은 적 없는 그의 냉혹한 화폭 앞에서 '휴머니즘' 운운하는 슬로건은 오히려 얼마나 속된 것인지요. 소위 사회적 명성이라는 것을 경멸하고 조롱한 금기 없는 부랑아, 자신의 육체를 연명하는 비속함을 거리낌없이 드러냄으로써 가식의 그늘로부터 자유로웠던 이 화가에게는 비등(沸騰)의 에너지가 있습니다. 표면의 일부분만 기화하는 것이 아니라 모든 부분이 부글부글 기화하며 발산하는 에너지. 그는 관습적으로 유전되는 '인간성'의 허위 앞에, 관념으로 타락한 미의식 앞에 뭉개지고 피흘리는 구멍투성이의 육체를 드러내 보이며 묻습니다. 내가 애써 외면하고 싶어한 내 속의 살욕과 공포와 분노에 대해.

나는 내 속의 연옥을 인정하기로 합니다. 한 노파에 대한 광포한 살기, 분명 그녀도 나의 살의를 느꼈을 것입니다. 지금 그녀는 어느 처마밑에 육신의 잠을 뉘어놓았을까요. 오늘밤은 황사가 심합니다. 지상에 바람과 물이 끊임없이 순환하는 한, 모래들은 흙 속을 뛰쳐나와 흐르고 뿌리내리고 또 뛰쳐나오겠지요. 조용하지만 격렬한 모래의 유동, 지표로부터 태어났으나 지표를 망가뜨려갈 수밖에 없는 모래의 운명 앞에 미로를 걷는 내 육신을 부려놓습니다. 슬픔으로 향하는 세계인 이 폐옥(廢屋)의 주인들이 아름다운 멸망의 때를 맞이할 수 있기를. 내가 저주한 한 노파의 고단한 잠을 들여다보며 나는 진심으로 소망해보는 것입니다.

저자에서 관음을 만나다

무덤과 술과 달의 도시. 십년 전의 경주는 내게 그렇게 기억됩니다. 바라보기 좋은 초승달이 있었고 무욕한 취기가 있었고 비현실적이어서 편안했던 무덤들이 있던 그 도시에서 이십대 초반의 내 마음은 어떤 무늬들을 깁고 있었을까요. 십년 전 내 몸이 캄캄하여 차마 깨울 수 없었던 신라의 마음은 무엇이었을지.

붉은 꽃을 꺾다

　　　　　　　　　참나무로 만든 기이한 14면체
의 주사위가 하나 놓여 있습니다. 흔히 보는 8면 주사위도 아니
고 자세히 들여다보니 반질거리는 표면엔 붉거나 까만 점이 박
힌 대신 무어라 글자가 새겨져 있습니다. 삼잔일거(三盞一去).
술 석잔을 한번에 마시라? 아하, 그제서야 나는 무릎을 칩니다.
주흥을 돋우기 위한 놀이용 주령구(酒令具)인 게로군. 주사위의
각 면에는 한잔 다 마시고 크게 웃기, 스스로 노래 부르고 스스
로 술 마시기, 누구에게나 마음대로 노래를 청하기, 이런 익살
스러운 문구들이 적혀 있습니다. 술 마시고 노래 부르고 춤 추
기를 즐긴 인간의 마을이 떠오르고 나는 슬며시 고이는 웃음을
베어물고는 두 편의 매혹적인 사랑노래를 떠올립니다.

　"자줏빛 바위 끝에/잡은 암소를 놓게 하시고/나를 아니 부끄
러워하시면/꽃을 꺾어 바치오리다." 동해 용왕도 탐을 내었다는
아름다운 용모의 수로부인이 남편 순정공의 강릉 태수 부임길에
동행하다가 바닷가 절벽에 피어 있는 어여쁜 철쭉꽃을 보았다지
요. 그 어여쁜 꽃을 너무나 갖고 싶어한 수로에게 소를 몰고 가던
한 노인이 꽃을 꺾어 바치면서 불렀다는 「헌화가」입니다.

　나는 지그시 눈을 감고 즐거운 상상에 빠집니다. 험한 절벽
끝에 핀 꽃이라 아무도 꺾어다 바칠 엄두를 내지 못하고 있던
차에, 한 허름한 노인이 아름다운 수로부인과 눈을 맞추며 말함

니다. 나를 아니 부끄러워하시면 꽃을 꺾어 바치겠나이다, 라고. 노래가 읊어진 맥락이야 벼랑을 오르기 전 '나를 허락하시면 저 꽃을 꺾어 바치겠나이다'일 수도 있고 무작정 꽃을 꺾어들고 내려와 '나를 부끄러워하지 말고 받아주십시오'일 수도 있겠습니다. 어찌되었거나, 아름다운 것에의 탐닉은 열렬하고도 순정한 것이어서 백발 성성한 노인네라 하여 그 감흥이 감해질 이유가 없습니다. '나를 아니 부끄러워하시면'이라고 완곡하게 표현하고 있으나 실은 '나의 백발과 나의 남루함을 부끄러워하지 말라'는 선언처럼 들리기도 합니다.

이름없는 백성이나 신분이 높은 계급이나 젊으나 늙으나 아름다운 것에 대한 감흥은 모두 마찬가지라는, 사모하는 마음을 향해 있을 때 모든 마음은 열렬하고 귀한 것이라는 존재증명의 싱그러움. 꽃을 꺾기 위해 벼랑을 오르는 노인의 등뒤로 일렁이는 근육질의 동해바다가 있었을 것이고 어린아이 웃음처럼 깨끗한 욕망을 지닌 푸른 하늘이 있었을 겁니다. 밀실이 아닌 드넓은 바다와 하늘 아래서, 은밀하고 자폐적인 속삭임이 아니라 일행과 남편까지 있는 자리에서 당당하게 노래된 이 헌화의 노래는 솔직하고 분방하여 유쾌합니다.

나는 이제 한 사내를 떠올립니다. "서라벌 달 밝은 밤에/밤 깊도록 노닐다가/들어와 잠자리를 보니/다리가 넷이로구나/둘은 내 것이건만/둘은 뉘 것인고/본디 내 것이었지만/빼앗긴 것을 어찌하리."노래의 외연으로만 보자면 아내의 불륜을 목도한 비극적인 사내의 노래가 되겠지만 처용의 존재를 어떻게 읽느냐에 따라 맥락은 조금씩 달라집니다. 나는 이 노래에서 낙천적인 분방함을 지닌 신라의 선남선녀를 만납니다.

달 밝은 밤 주흥을 만끽하다 집에 돌아온 사내. 사내가 밖에서 노니는 사이 여인은 노심초사 발 동동 구르며 남편을 기다리느라 애간장 태우지 않습니다. 그녀 역시 무르익은 달밤의 관능을 즐기지요. 처용은 돌아와 아내의 유희의 시간을 목도하지만 드잡이질을 하지도 집안을 난장판으로 만들지도 않습니다. 밤 늦도록 노닐다 돌아온 자신에게 즐거움에 대한 욕구가 있었듯이 아내의 즐거움을 존중해주려는 듯도 보입니다. 나는 처용과 그의 아내에게서 문란하다기보다는 자유로운 소통의 방식을 체득한, 서로의 욕망에 진솔하게 다가서 있으므로 서로를 이해하게 된 오래된 연인의 모습을 만납니다. 사랑은 움직이는 마음이니, 그 마음의 역동성을 일방적으로 막아두기만 해서야 소통이 가능해질 리가 없지요. 상대방의 욕망을 이해하고 존중하면서 결국은 '서로'에게로 마음이 기울어오도록 만드는 마법의 시간을 우리는 사랑이라고 부르는지도 모릅니다.

「처용가」는 일반적으로 해석되는 벽사진경(辟邪進慶)의 노래로 읽을 때에도 사뭇 매혹적입니다. 아름다운 처용의 아내를 역신이 사랑했답니다. 역신이 아내를 흠모하여 아내를 범했다는 것은 죽음(병)이 아내의 삶(몸)에 깃들였다는 것인데, 사랑하는 이의 죽음을 맞이하는 처용의 태도는 처연하고 비극적이지만 평온합니다. 삶으로부터 죽음을 억지로 분리시키려 하지 않고 자연스럽게 그것을 받아들입니다. 아름다운 것은 순간이니 젊음도 그러하고 누구나 늙고 병들고 죽어갑니다. 이 비극적이고 냉정한 삶의 순리를 받아안고 그는 다만 달빛에 온몸을 적시며 춤을 춥니다. 처용의 춤은 생로병사의 번뇌를 일상의 리듬으로 끌어안을 줄 알았던 초월의 자세와 맞닿아 있습니다. 삶은 헐거운 가죽부대를 이끌고 허락된 몇개의 산굽이를 넘어가는 일이니 이 길의 시작은 출발부터 한 병을 치러내기 위한 싸움일 터, 이승에서의 죽음이 삶의 끝이 아님을 이미 알아차린 처용은 역신(죽음)일지라도 그 존재를 인정하고 함께 놀아주고자 합니다. 처용의 노래 그윽하고 춤사위 깊어가는, 이 '놂'의 시간을 통하여 인간의 몸은 재생과 부활을 거듭 꿈꿀 수 있게 되는 것이겠지요.

흙인형들과 놀다

삶의 열락에의 꾸밈없는 추구와 번뇌에 대한 자연스러운 수긍, 이 매혹적인 신라의 노래들은 다시 나를 이끌어 동화 속 나라 같은 토우(土偶)의 세계로 안내합니다. 비파를 연주하는 토우, 피리 부는 토우, 가야금을 연주하는 토우, 벌거벗고 춤을 추는 젊은 토우들…… 음악과 술과 시와 춤을 사랑했던 신라인들의 기지와 유머가 넘쳐나는 흙인형들을 가만히 들여다보고 있으면 산다는 일이 뭐 그리 욕될 것도, 번뇌스러울 것도 없다는 생각이 듭니다. 흙의 몸으로부터 스며나온 이 흥겨운 가락들은 너무도 자연스럽게 삶의 환희로운 대목을 향해 흘러넘치고 생로병사와 희로애락의 모든 자연스러운 출렁임들이 흙의 온기 속에 그대로 살아납니다.

벌거벗은 채로 앉아 있는 두 여인을 가만 바라봅니다. 한 여인은 앉아서 아이를 낳고 있는 토우입니다. 부푼 배와 벌어진 성기, 숨을 조절하려는 듯 두 손을 배 위에 올리고 다리를 벌린 채 앉아 있는 여인에게서 이제 곧 어머니가 될 한 여자의 열에 들뜬 숨소리가 들려옵니다. 신라의 여인들은 이렇게 앉은 자세로, 자신의 육체성에 몰두하며 아이를 출산했는지도 모릅니다. 또하나의 토우는 유방과 성기가 두드러지게 강조된 여인입니다. 이 토우를 빚은 손이 누구의 것이었는지는 알 수 없으나, 이 육체는 단순한 열락의 대상으로만 머물지 않습니다. 자기 몸의 미세한 느낌에 몰두하고 있는 듯도 하고, 막 아이를 낳은 후 이마에 흐르는 땀을 닦아내며 어머니 된 이의 흡족하고도 경이로운 느낌을 만끽하고 있는 듯해 보이기도 합니다. 아이를 낳고 있는 여인이 얼굴의 생김새와 유방이 과감하게 생략되고 아이

머리 크기만큼 벌어진 자궁문을 가지고 있는 데 비해 이 토우에게서는 얼굴의 표정이 나타나기 시작하고 유방이 강조되어 있습니다. 아이에게 젖을 물릴 준비를 마친 어머니의 육체일까요. 소금기 섞인 땀내음이 희미하게 풍겨옵니다.

지게를 지고 가는 사람, 주름이 가득한 노인의 웃는 얼굴, 절하는 아이들과 어머니, 수줍게 웃고 있는 여인, 죽은이 앞에서 슬퍼하는 사람, 사냥하는 사람 등 인간사의 희로애락의 순간들과 뱀 개구리 호랑이 멧돼지 독수리 두더지 소 잉어 불가사리 게 가재 거북 닭 개 말 족제비 개미핥기 원앙 올빼미에 이르기까지 순간의 호흡 속에서 목숨을 얻어 나온 듯한 이 흙인형들은 신라를 꿈꿀 때 가장 먼저 떠오르게 될 것들입니다.

조금은 따분하기도 한 한적한 오후에 뭔가 재미난 것이 없을까 궁리하던 어린아이들이 마당가의 흙을 조물락거려 만들었을 것도 같고, 수염이 거뭇해진 사춘기 아이들이 키득거리며 뭔가 제 깜냥에는 음탕한 어떤 것을 만들어보려 하다가 제풀에 쑥스러워하며 빚어낸 것들일 것도 같고, 밥뜸이 들기를 기다리던 시누이와 올케가 심심파적 삼아 빚어놓고 이것 좀 봐! 참 예쁜 원앙이지! 손뼉을 치며 좋아라 했을 것도 같은, 이 아무렇게나 빚은 듯한 흙인형들에는 기이한 천진성과 해학이 배어 있습니다. 꾹꾹 손가락으로 아무렇게나 빚어내 손톱으로 눈코입을 슥슥 그어놓은 것 같은 토우들에는 사람이나 동물이나 제각각 타고

난 성정이 독특하게 발현되어 있어 꼭 그 짐승의 것이라고밖에는 말할 수 없는 순간의 생동감이 있습니다. 이 단순하고 순진한 소망들 속에 삼라만상의 만물들이 제각각 지닌 생명의 리듬으로 부풀어오르고 흥겨워집니다.

관음의 벗은 발

나는 박물관의 유리상자 속에서 지루해하고 있던 천태만상의 흙인형들을 깨워 마실을 나가기로 합니다. 햇볕 좋은 푸른 하늘 아래로 내려서니 온몸이 근질거리던 호랑이와 갈매기 토우가 제일 먼저 좋아라 떠들썩합니다. 그런데 제멋대로일 것만 같던 이 흙인형들이 내처 달음박질쳐 달리지 않고 내 손을 이끌어 아름다운 부처의 얼굴 앞에 서게 합니다. 폴짝거리며 장난치던 토우들이 석조관음보살입상의 발등을 타고 오르더니 관음보살의 발등을 토닥거려주고 호호 입김을 불어줍니다. 신 과일을 한입 베어문 것처럼 코끝이 시큰해져오는 푸른 겨울하늘을 등지고 묵연히 서 있는 관음의 얼굴을 바라보다가 나는 그만 눈물이 맺힙니다. 중생의 소리를 듣는 보살이라 했던가요. 내 앞에 돌로 선 이 관음은 먼길을 헤치고 아이를 구할 약을 구해오는 어머니의 모습 같습니다. 피곤에 지쳐 등을 약간 구부리고 고개를 설풋 떨군 채 마당을 들어서는 고단한 어머니. "아가…… 아프지 말아라, 아가…… 죽지 말아라." 혼신으로 염하며 어렵게 구해온 약을 들고 방문을 밀치는 어머니. 발등이 붓고 굳은살이 터져 아픈 관음의 발이 차가운 댓돌을 디디고 있습니다.

몇몇의 토우들은 하반신을 잃어버린 석조여래입상에 기대어 말이 없습니다. 섬세한 조각의 광배와 아름다운 눈썹을 지닌 이 여래의 얼굴은 이상하게도 깊은 슬픔으로 가득합니다. 그 슬픔은 격정적으로 터져나오는 것이 아니고 속으로만 조용히 울음에까지는 차마 닿지 않게 하기 위해 스스로를 견디고 있는 인고의 슬픔입니다. 이 아름다운 얼굴을 조각해낸 장인의 어떤 마음이 숨결로 배어버린 것일까요. 부처의 얼굴들은 죄다 인간을 닮아 있고 아름다운 얼굴의 부처에게서 나는 한사코 슬픔의 여울을 만나고만 있으니 인간이 가질 수 있는 모든 감정의 결들을 통틀어 슬픔만큼 전염력이 강한 것이 있을까 싶습니다.

저 여리고 슬픈 부처들에 비하면 석굴암의 본존불인 석가모니 부처는 완전자가 담지한 아름다움의 극치를 보여주지요. 그것은 교교한, 차갑게 얼어붙어 있는 아름다움입니다. 모든 인간적 유혹으로부터 승리하는 순간, 항마촉지인(降魔觸地印)의 수인을 하고 있는 그의 자태는 범접할 수 없는 신성한 아름다움으로 충만합니다. 샤키아족의 왕자였던 싯다르타가 그에게 보장된 모든 것을 버리고 치열한 구도의 길에 들어 깨달음을 얻었을 때, 마왕이 나타나 그를 유혹하자 지신(地神)이 석가를 돕고자 하였답니다. 석가는 말하였다지요. 걱정 말라, 내가 인(忍)으로 항복시킬 것이다. 그러나 마왕이 칼을 들이대며 그가 진정 깨달은 자인지를 증명해 보이라고 위협할 때, 그는 지신을 불러내어 금강좌에 앉을 수 있는 이는 오직 자신임을 증명하게 합니다.

자신의 깨달음을 마왕에게 증명해 보여야 한다는 것은 진정으로 깨달은 자의 입장에서는 오히려 수치였을 것입니다. 마왕을 항복시키기 위해 깨달은 자로서의 존재증명을 할 것인가 말 것인가, 석가모니는 고뇌했을 것이고 그때까지 그의 고뇌는 인간적인 면모를 지닌 것이었을 겁니다. 그런 그가 수치를 무릅쓰고 불러낸 지신의 증명에 마왕은 항복하지요. 나는 이 '땅의 신'의 존재가 궁금해집니다. 마왕에게까지 증명의 효력을 발생시킬 수 있는 존재란, 부처와 마왕을 동시에 낳은 어머니의 증명인 것이며 그리하여 마왕 역시 이 어머니의 증명에 굴복한 것이 아닌지. 어머니는 증거하여 자신의 아들을 부처가 되게 하였으며 그 아들은 자신의 깨달음을 어머니에게 증명시킨 최후의 빚을 지고 있는 셈. 그리하여 그는 완전자가 되고, 이 완전자에게서는 인성이 완전히 사라진 도도하고 신성한 기품이 가득합니다.

그러나 나는 비도 맞고 눈도 맞고 찬바람도 맞으면서 구부정하게 선 낭산 석조관음보살과 하염없이 슬픈 낯빛으로 자신의 내면을 들여다보고 있는 장항리 석조여래입상 앞에서 자꾸만 발길이 머뭇거립니다. 흙인형들이 발등과 어깨에 올라타고 후후 아직도 입김을 불어주고 있는 관음과 여래는 슬픈 존재이기 때문에 아름답습니다.

부처의 나라

　　　　　　　　　　부처의 나라를 보러 갔다가 부처는 못 보고 아름다운 손 하나를 만났습니다. 삼십여년 세월을 공들여 만들어낸, 돌과 나무가 절묘하게 몸을 섞어 돌도 나무도 아닌 불국토로 탄생한 참으로 아름다운 절집을 천천히 거닐다가 비로전에 들었지요. 진리 자체이므로 설법하지 않는다는 비로자나불은 하나의 손 안에 하나의 손가락을 말아쥐고서 너는 왜 여기에 있느냐, 내게 묻습니다. 나는 서둘러 비로전을 빠져나오다가 전각의 뒤편에서 돌탑을 쌓고 있는 아름다운 손 하나를 만났습니다.

　이름난 고찰이 있는 산길을 오르다보면 흔히 만나게 되는 돌탑들. 숱한 사연을 지니고 오고간 길손들이 하나둘씩 쌓아올린 자그마한 돌탑들을 만날 때면 이상하게 마음이 습습해지고 나는 그 습기 속에서 따스한 입김 같은 파동을 만나게 되곤 합니다. 수천수만의 크고 작은 돌탑들은 단 하나도 같은 것이 없고 주위에 흩어져 있는 돌들을 찾아내어 그저 쌓아올린 것인데도 기막히게 조형적인 미감을 보여주기도 합니다. 의도하지 않은 공동창작 예술인 셈인 산사 근처의 돌탑들이 아름다운 것은, 백 개의 돌탑 안에 천명의 기원이 깃들여 있기 때문이며 누군가 앞서 쌓아놓고 간 기원의 말을 무너뜨리지 않기 위해 조심하는 마음이 발원되어 있기 때문일 것입니다.

한 사내가 자그마한 돌멩이 하나를 들어 누군가 먼저 쌓아놓은 돌 위에 조심스레 겹쳐올리는 바로 그 순간의 떨림과 바로 그 순간의 마음이 부처의 나라에 드는 마음이 아닐지. '부처의 나라'를 형상화해놓은 이 아름다운 절집보다 저 자그마한 돌탑 하나가 문득 더 커 보입니다.

저자에 들어가서 손을 드리우다

경주의 아침은 세속도시의 흥성스러움과 무덤 속의 적멸이 기이하게 살 비비며 깨어납니다. 토박이 경주 할매들의 허름한 해장국집을 찾아 해장국을 시킵니다. 단출하고 맛깔스럽게 밥상이 차려지고 나는 국물을 한술 뜨다가 숟가락 닿은 자리에서 짜그랑, 하고 떨어지는 별똥별을 만납니다. 가만 들여다보니 국그릇 저 안쪽에 오롯하게 서 있는, 지난밤 내가 오래도록 서성였던 첨성대도 보입니다. 국그릇 속에서 달이 뜨고 지고 은하수가 흘러가고 바람이 고이고⋯⋯ 별을 관측하기에는 너무도 뚱딴지 같아 보이는 첨성대에 올라 꿈꾸는 얼굴로 밤하늘을 바라보고 있는 신라 사람이 보입니다.

옛사람들에게 하늘을 살피는 것은 중요한 일이었으니, 일식이나 월식이 일어날 때 몸가짐을 삼갔으며 가뭄이 들어 마른 하늘이 계속되면 왕은 반찬 수를 줄였다고 하지요. 하늘을 공경하고 두려워할 줄 알며 우주 저편의 미지의 숨결이 오늘의 일상을 돌보아줄 수 있기를 기원한 신라의 마음이 가장 '신라적인' 것으로 발현된 건축물이 첨성대라는 생각이 듭니다. 뭔가 유머러스한 비밀을 품고 있는 듯한 이 건축물은 다양한 상상력을 촉발시킵니다. 젊은 순례자 선재동자가 보았던 하나의 탑 속에 들어 있는 수천의 탑들처럼, 우주를 덮고 있는 인드라의 그물처럼, 우주를 꿈꾸고 우주와 연결되고자 했던 신라의 마음이 자기의 마음자리를 스스로 보호할 수 있었더라면 천년의 신라는 한층 아름다웠을 것입니다.

그러나 인간의 욕심이란 흔히 천년을 내다보지 못하는 것이므로, 고즈넉한 골짜기의 여섯 마을에서 출발하여 삼국을 최초로 통일했던 신라는 출발했던 지점인 서라벌로 오그라든 채 멸망하고 말았지요. 활기 넘치고 개방적인 문화와 폐쇄적이고 위계적인 계급의 질서가 공존했던 사회, 신라의 백성들이 창출했던 생동감있는 문화의 자양분들은 고르게 분배되지 못했습니다. 자신의 기득권을 지키려는 소수의 귀족계급에게 정치 경제 문화의 풍요로움이 독식되었고 자신의 나라로 편입시킨 다른 모든 지방의 독자적인 생기가 거세된 채 신라의 중심이자 신라의 전부이려고 했던 서라벌은 지금 무덤 속에 있습니다.

국그릇 속에 든 첨성대를 빤히 바라보다가 나는 문득 쓸쓸해져 서둘러 후루룩 국물을 들이켭니다. 무수한 입술이 스쳐갔을 순가락이 다시 내 입술을 스쳐 내일이면 다른 누군가에게 따스한 국물 한모금을 떠넣어주게 되겠지요. 국물을 조금 더 달라고 청했더니 머리칼 희끗한 주인 할머니가 살뜰하게 고명을 새로 얹은 국 한그릇을 밥상에 내어주십니다. 투막집 같은 손이 밥상을 자분자분 쓰다듬고 지나가고, 문득 문밖이 소요스러워지네요. "소 피예요! 소 피!" 그릇을 들고 주인 할머니가 소의 피를 받으러 나갑니다. 어느 틈에 해장국집 즐비한 그 거리의 아낙들이 그릇 하나씩을 챙겨들고 나와 있습니다. 트럭에서 막 내려진 고무통 속에서 뭉클하게 김이 오르는 검붉은 소의 피. 바가지째 퍼주는 붉고 비린 피냄새 속에서 나는 문득 십우도(十牛圖)의 마지막 장을 떠올립니다.

입전수수(入廛垂手)라 하던가요. 진아를 찾아 떠난 구도의 길에서 '나'를 깨달은 이가 저자의 무수한 '나들' 속으로 들어와 손을 드리운다는. 흥성스러운 저자의 소음들 속에서 에밀레종 소리를 환청처럼 듣습니다. 끓는 쇳물 속으로 뚜벅뚜벅 걸어들어가는 소. 그지없이 아름다운 에밀레종에 새겨진 공양천인상이 두 손으로 받쳐들고 공양하고 있는 것이 저 더운 피 한 바가지인지도 모르겠습니다.

 오늘을 사는 일이란, 피 한 바가지를 시주받고 피 한 바가지를 시주하는 일인지도 모릅니다.

붉은 시편들

> 노래하자. 슬프고도 성스러운 노동의 노래를.
> 부자들은 이 땅의 주인. 궁전은 우리가 짓는데
> 모든 것은 그들의 것
> — 영화 「붉은 시편」중에서

생각해보면, 그리 길지 않은 세월이 너무도 길게 흘러갔습니다. 시시로 젊음을 끔찍해하면서, 때로는 감사하면서.

오늘 문득, 잦은 이사를 하면서 많은 짐을 버리고 살았던 내가 여즉 버리지 못한 채 지니고 다니던 낡은 상자를 열어보았답니다. 그 속에서 한 꾸러미의 편지를 발견하였지요. 1988년에서 1990년까지 이어진 당신의 편지.

당신과 내가 각각의 낯선 세계 속에서 나누었던 번민과 열정이 고스란히 묻어나는 편지글들. 당신의 편지를 통해 내가 당신에게 보냈을 편지내용을 추론해보면서 아주 오랜만에, 흘러간 시간이 내 몸에 새겨넣은 두껍고 비린 지층을 만지게 되었습니다. 1990년 10월에 끝이 나는 당신의 마지막 편지는 나에 대한 염려와 질책과 포기가 섞여 있는, 아픈 편지였습니다.

"무엇보다도 너 자신이 되어야 한다⋯⋯ 사랑한다"로 끝나는 편지. 아마도 내 기억에 그 편지는 당신이 어떤 연유로 학교 근처의 내 거처에 다니러 왔다가 서로가 서로를 설득하려 애쓴 난망한 하룻밤을 보내고 횡하니 새벽길 밟아 바랑을 지고 떠난 뒤에 내게 도착한 편지였던 것 같습니다. 그 뒤로 나는 당신께 답장 쓰는 일을 자발적으로 포기한 듯합니다. 유난히 나를 사랑했고 내가 사랑했던 당신과의 편지 교류를 포기한 것에는 여러가지 이유가 있었을 것이지만, 당시의 나에게는 당신과 소통할 수 없는 절박한 문제들이 있었던 셈이지요.

생각해보니, 지금 내 나이가 그때 당신 나이 즈음이었네요. 나는 당신께, 그후로도 오랜 세월이 흐를 동안 적어도 현상적으로는 공유되지 않는 부분, 그러니까 혁명에 대한 이야기를 해야 할 때가 되었다는 생각을 문득 하였답니다. 그 시절, 그토록 아프게 나를 바라보던 당신에 대한 예의로서, 무엇보다도 나 자신에 대한 예의로서.

석류나무 그늘 밑

　　　　　　　　　석류나무 이야기부터 해야 할 것 같습니다. 당신과 내가 하나의 영상 속에서 하나의 대상을 바라보고 있던 풍경의 가장 안쪽에 석류나무가 있으므로.

　당신도 나도, 교동 우리집 들어서는 골목길의 담장 밖으로 가지를 키운 석류나무를 사랑했었지요. 시시로 훔쳐보던 그 석류나무. 꽃이 필 무렵부터 탐스러운 열매가 제 몸을 열어 보이는 계절에 이르기까지, 그 모든 계절의 가장 아름다운 나무의 시간에 당신과 내가 있었습니다. 어느날 문득 꽃이 피어 당신과 내가 그 담장 밑을 서성였고, 어느날은 꽃턱에 매달려 자라던 홀쭉한 어린 열매가 눈에 띄게 통통해져서 담장 밑을 서성였고, 어느날은 어느덧 엄마열매가 된 석류알이 보석 같은 알맹이들을 눈부시게 열어 보여 담장 밑을 서성였지요.

　그 담장 밑에서 어린 내가 당신에게 들었던 이야기 하나. 기억하실지 모르겠습니다. 아마도 석류 열매가 탐스럽게 익어가던 어느 가을날이었을 겁니다. 먼 나라에 자기 아이를 천명이나 가진 마구니가 살았는데 그녀는 사람들의 아이를 보는 족족 잡아먹었다지요. 어느날 엄마들이 부처님께 나아가 자식을 구해줄 것을 호소했다지요. 부처님은 마구니의 수많은 새끼 중 딱 한마리만을 감추었답니다. 마구니는 미친 듯이 새끼를 찾아다니며 그 많은 자식 중 단 한마리만을 잃어도 그토록 마음이 아프다는 것을 깨닫고 다시는 아이들을 잡아먹지 않겠다는 약속을 했다지요. 약속을 받은 부처님은 새끼를 돌려주면서 아이 대신 석류를 먹도록 했다는 이야기.

아직까지도 기억에 생생한, 그것은 음산하고도 매혹적인 이야기였지요. 부처님이 아이 대신 먹도록 한 것이 왜 하필이면 석류 열매였을까. 신 석류를 먹고 자신의 죄를 속죄하라고 한 뜻이었을까. 석류 열매의 맛이 사람의 어느 부분과 닮아 있는 것은 아닐까. 세상 엄마들의 마음이 똑같이 귀하다는 것을 알게 하고 그것을 잊지 말게 하는 지혜의 열매 같은 것이었을까. 석류꽃이 피고 질 때, 열매가 익고 쪼개어질 때, 우리는 가끔 밤산책을 하곤 했고 그럴 때면 나는 당신에게서 이런저런 이야기들을 얻어듣곤 하였지요. 다산과 다복의 상징으로 석류나무를 귀하게 여겼다는 옛사람들의 이야기며 석류꽃 달인 즙으로 뒷물을 하였다는 옛여인들의 이야기를 들으면서 하나의 나무가 가질 수 있는 그토록 많은 무늬들이 놀랍고 신기했지요. 나무에 대한 몽상, 그것은 별과 바닷속에 대한 몽상과 더불어 어린 내가 가장 즐기곤 하던 유희였고 당신은 내 몽상에 아름다운 젖줄을 대어주곤 했습니다.

너무 반질거리는 얼굴도 아니고 너무 해사하게 하늘거리지도 않는, 자연스러운 잔주름을 지니고 있던 붉은 석류꽃. 당신과 내가 하나의 사물에 대해 그처럼 매료될 수 있었던 것은 아마도 타고난 우리의 성정이 비슷했기 때문인지도 모릅니다. 당신은 이미 어른이었고 나는 아직 어렸지만 우리가 공유했던 틈새, 그것은 어떤 초월적인 정신에 대한 탐닉이었다고 생각됩니다. 또한 그것은 순금의 정신을 향한 당신의 동경이 일정하게 내게 전이된 형태이기도 했을 겁니다. 조숙한 독서광이었을 뿐 내성적이고 평범한 소녀였던 내가 당신을 통해 알게 된 신비한 세계들과 영혼의 각성,이라는 말이 주는 빛나는 떨림. 당신이 홀연 출가의 뜻을 비쳤을 때, 이미 어린아이가 아니었던 나는 덤덤히 그 사실을 받아들일 수 있었지요. 언니가 이곳에서는 찾지 못한 공부를 하러 떠나는구나, 생각했더랬지요. 석류꽃이 지던 계절이었습니다.

그렇게 당신은 강릉을 떠났고 나 역시 이듬해 그 석류나무를 떠났지요. 그때 나는 열아홉이었습니다. 열정과 불안과 반항과 순수. 그 또래 다른 아이들이 흔히 그렇듯 내 열아홉 역시 명사로 요약하라면 이렇게 말해야 할 겁니다. 그러나 그때까지, 나의 열정과 불안과 반항과 순수는 그 각각의 말들이 함의하는 반쪽의 세계 속에 안거하고 있었지요. 이를테면 세계의 악(惡)에 무지한 선(善), 세계의 절망에 무지한 희망, 세계의 추함에 무지한 아름다움에 속해 있던 열아홉. 아름다운 것과 선한 것을 열렬히 소망하면 나와 내가 속하여진 세계가 아름다움과 선함의 힘으로 구원받을 수 있으리라고 믿었던 열아홉이었습니다. 대학 신입생이던 그 열아홉 늦봄에, 내가 안거하던 양지쪽의 세계는 갑자기 음지로 끌려나왔습니다.

내가 막연하고 관념적으로 느끼고 있던 세계의 부조리와 위선과 악. 회피하고 싶었던, 혹은, 궁극적으로 선하고 아름다운 것에의 의지로 그 모든 악덕을 순화할 수 있으리라 믿었던 내가 알던 세계는 구체적이고 생생한 현실의 증언 앞에 무너졌습니다. 5월, 나는 몇권의 책을 끼고 학교 광장을 가로지르다가 '그' 사진들을 보았습니다. 아득한 과거의 일도 아닌, 바로 80년, 내가 열한살 되던 해의 광주에서의 학살. 저 잔혹한 학살을 감행한 어떤 힘에 대한 분노 앞에서, 저곳에서 태어났다면 나 역시 학살의 총구 앞에 난자당했을지도 모른다는 구체적인 공포 앞에서, '나는 아무것도 두려워하지 않는다. 나는 아무것도 원치 않는다. 나는 자유' 라던, 고등학교 시절 내내 주문처럼 달고 다닌 내가 사랑했던 카잔차키스의 말은 내 존재의 부조리함만을 부끄럽게 일깨웠을 뿐 어떤 위안도 되지 못했습니다. 내가 받아온 제도교육 속에서 누구도 내게 말해주지 않았던 진실, 당신에게서조차 들어본 적 없는 두려운 사실들 앞에서.

도망치듯 무작정 바다를 보고자 내려갔던 고향의 석류꽃 그늘 아래서 나는 처음으로 붉디붉은 석류꽃이 무서워서 울었습니다. 그 석류꽃 그늘 아래서 내가 본 것은 꽃그늘이 아니었습니다. 꽃,이라는 말이 내게 불러일으켜주던 환희롭고 고독한 정신의 순교는 현실적인 잔혹의 피냄새를 함께 풍기기 시작했습니다. 붉은 꽃들…… 유독 짙푸른 잎사귀가 가득 돋아 있는 가지 끝에 혀를 깨물고 쏟아놓은 피처럼 선명한 붉은빛을 점점이 뿌려놓고 있던 석류나무. 더러 꽃턱에 매달려 꽃과 함께 자라고 있는 어린 열매들이 창끝처럼 몸을 쪼갠 채 꽃의 피를 받아먹고 있었습니다. 그토록 짙푸른 잎사귀들 속에 그토록 붉은 꽃을 피워놓은 석류나무가 이물스러워서 나는 자꾸만 멀미를 하였습니다. 그 광장에서 내가 본 것은 무엇이었는가. 내가 알지 못하는 세계의 저쪽에는 무엇이 있는가. 그렇게, 잔인한 계절들이 흘렀습니다.

붉은 팬지

1989년 가을의 당신 편지 중에는 『난장이가 쏘아올린 작은 공』에 대한 얘기가 씌어 있군요. 행복동 재개발지구의 영희가 공장 폐수 속에 던져넣은 팬지꽃 두 송이에 대한 얘기를 내가 편지에 적었던가봅니다. 팬지꽃 앞에 앉아 줄 끊어진 기타를 치는 영희, 팬지꽃을 머리에 꽂고 몸팔러 가는 영희, 공장 굴뚝의 피뢰침에 매달려 종이비행기를 날리는 난장이 아버지, 달나라로 가고 싶어한, 공장 굴뚝 속에 떨어져 죽은 가난한, 난장이, 아버지, 아버지들……

행복한 난장이들의 나라를 꿈꿉니다. 당신과 내가 각자의 길을 걸어가기 시작한 얼마 후, 당신을 만나러 북한산 근처에 갔던 일이 생각납니다. 어떤 연유로 당신이 잠시 머물고 있던 북한산 근처의 작은 선원을 찾아가던 길이었지요. 내 기억에 세검정에서 버스를 내려 어리둥절하면서도 막막하게 아주 많이 걸어올라가던 길. 어느 틈에 복닥거리는 골목이 사라지고 성채 같은 담장 사이에 매달린 감시카메라가 담장 밖을 차갑게 훑고 있는 이상한 동네가 나타났습니다. 어림잡아 오륙백미터 간격으로 경비실로 보이는 초소들이 있었고 길들이 잘 닦여 있었지만 걸어가는 사람은 나 혼자밖에 없었던 길. 난생 처음 보는, 텔레비전이나 영화에서가 아니라 실제로 존재할 수 있다는 사실이 믿어지지 않을 만큼 으리으리하고 동화처럼 예쁜 집들이 즐비하던 그 동네를 지나면서 나는 생각했습니다. 혁명 후엔 이 집들을 고아원이나 양로원으로 쓰면 참 좋겠다,라고. 집없는 가난한 아이들이 저 예쁜 집 정원에서 다 함께 뛰어놀 수 있으면 얼마나 행복해할까,라고.

혁명…… 적어도 내게 혁명에의 꿈이란, 무슨 어렵고 이론적인 수사를 필요로 하지 않았습니다. 현실의 모순과 부조리함 속에서 느끼는 자연스러운 분노와 슬픔과 의문. 가난은 왜 유전되는가. 왜 가난한 사람들은 평생 성실하게 일해도 여전히 가난한가. 왜 여전히 분유를 훔치는 엄마들이 있으며 아픈 아이를 병

원에 데려가지 못하는 아버지들이 있는가. 자본주의 시장경제
는 왜 모든 인간을 행복하게 할 수 없는가. 이 구조적 불평등의
사적 기원은 무엇인가. 한 나라 전체 인구의 5퍼센트도 안되는
소수가 전체 부의 80퍼센트 이상을 차지하고 있는 기이한 불균
형, 세계적인 차원에서도 역시 되풀이되는 선진제국과 그 외 국
가들 간의 빈익빈 부익부의 모순은 어떻게 해소될 수 있는가.
정치적 독재가 가시적으로 종식되고 난 후에도 왜 이 구조적인
불평등은 변화하지 않는가. 왜 우리는 자본주의 체제의 모든 영
역에서 가해지는 비인간적인 권력의 횡포 속으로, 무시무시한
속도와 경쟁의 쟁투 속으로 선택의 여지 없이 내몰려야 하는가.
　그렇게 나는 사회주의 혁명을 꿈꾸었습니다. 부당한 현실에
대한 분노로부터 출발하여 현실의 모순을 전복시킬 수 있는 가
장 강력한 가능성으로서의 혁명. 아이러니한 것은, 사회주의 혁
명을 꿈꾸던 그때, 사회주의권의 몰락은 급진전되고 있었고 세
계는 자본주의 체제의 완승으로 일단의 단락을 이루어가는 듯
보였으며 학생운동 역시 내리막길로 접어들고 있었습니다. 하
지만 많은 이들이 발빠르게 혁명의 종언을 선언하고 참담해하
던 그 시절에도 여전히 혁명을 꿈꾸던 젊은 벗들이 있었습니다.
7, 80년대의 가혹한 정치현실을 목도한 세대도, '살아남은 자의
죄의식'을 뼈저린 구체성으로 느낄 수 있는 세대도 아니었으며
1987년 유월항쟁과 노동자대투쟁의 격류 속에서 잠깐일망정 민

중의 힘을 만끽해볼 수 있는 세대도 아니었던 그 시절의 동지들이 여전히 혁명을 꿈꿀 수 있었던 열망의 근원은 무엇이었을까 가끔 생각해보곤 하지요. 그것은 언제나 가장 소박한 답변으로 내게 돌아오곤 합니다. 부당하고 비인간적인 현실이 존재해왔고 여전히도 그러하므로.

그때로부터 다시 십년이 흘렀습니다. 떠들썩하게 새로운 세기가 시작된 2001년 3월에 나는 신문 한장을 펼쳐놓고 오래도록 앉아 있었습니다. 동대문야구장 공중전화부스 옆에서 쓰레깃더미에 덮인 채 발견된 한 노숙자의 주검에 관한 기사가 보도되어 있었지요. 오랫동안 쓰레깃더미 속에 방치되어 있었던 주검의 얼굴과 손의 살점은 쥐들이 갉아먹어 대부분 뜯겨나간 상태였습니다. 가난한 기억밖에 없다고, 가난한 농가에서 태어나 형제들 중 누구도 중학교에 가지 못했다고, 가진 땅이 없어 언제나 남의 논에서 일을 했고 하루하루 먹고살기도 힘들었다고, 숨진 사내의 동생이 체념한 듯 담담하게 말하고 있었습니다. 신문의 같은 지면에는 한장의 사진이 나란히 실려 있었지요. 사진의 제목은 '봄단장'. 서울시청 광장 꽃밭에서 팬지꽃 모종을 심고 있는 인부들의 사진이었습니다. 챙이 깊은 모자를 눌러쓰고 쭈그리고 앉아 팬지꽃을 심는 남루한 실루엣들. 먹고살기 위해 공공근로를 나온 이들이 먹고살 만한 사람들의 즐거움을 위해 관청의 꽃밭에 꽃모종을 심고 있었지요…… 여전히, 변한 것은 없었습니다.

낮꿈

우리의 혁명은 몽환이다,라고 나는 쓴 적이 있습니다. 나의 혁명은 몽환이다……라고 쓸 수 있게 되기까지, 나의 몽환을 사랑하게 되기까지 오랜 시간이 걸렸습니다. 이제 나는 어렴풋이 알 것 같습니다. 내 존재가 겨우겨우 비끄러매져 있는 이 무시무시한 세계의 바깥으로 그만 미끄러져나가고 싶은 유혹으로부터 나를 지켜온 것이 몽환의, 낮꿈의 힘이었음을. 지금도, 앞으로도, 어쩌면 그러할 것이라는 것을.

지난한 낮꿈의 계절들이 피고 저물고 다시 피면서 한 생애가 저물고, 피고 저물고 다시 피는 그 생애들이 '역사'라고 불리는 해안선을 조금씩 아주 조금씩 움직여가고 있다는 생각이 들 때가 있습니다. 낮꿈…… 이것은 생물학적 존재인 내게 생물학적으로 요구되는 밤꿈과는 다른 세계입니다. 명징하게 의식이 깨어 있는 상태에서 내 의식이 비등하며 그려내는 판타지로서의 꿈. 블로흐를 빌리면 그것은 더 나은 삶에 관한 꿈입니다. 내게 있어 더 나은 삶이란 이를테면 평화…… 자유……라는 말이 말 이전의 지순한 파동으로 물결쳐오는 순간들이 지속될 수 있는 세계일 것입니다.

나는 세속의 인간이니 나의 평화는 거의 언제나 두 개의 얼굴을 갖습니다. 일종의 '텅 빔'의 상태로 나의 내면에서 떠오르거나 가라앉는 평화와, 내 존재가 놓인 세계와의 경계에서 끊임없이 흔들리며 경계를 떠도는 평화. 완벽한 일탈을 도모하지 못하는 한 사회로부터 자유로울 수 없는 존재인 나는, 내 존재가 담겨 있는 사회라는 막힌 상자의 사면과 부딪힐 수밖에 없습니다. 내가 속하여진 세계가 내가 꿈꾸는 평화와 자유를 허용하지 않을 때 낮꿈은 열렬해집니다. 낮꿈은, 현실이 부조리하다면 부조리한 현실을 파기하여 다른 세계로 들어올리려는 꿈이며 미래를 향해 걸어가는 꿈입니다. 과거와 현재와 미래가 좁은 문을 통하여 끊임없이 교류하는 세계, 세계와 세계의 틈새에 존재하는 좁은 문을 통해 나는 유토피아를 보게 됩니다. 그 문은, 열려 있거나 닫혀 있을 수도 있습니다. 반쯤 열려 있는 것일 수도 반쯤 닫혀 있는 것일 수도 있습니다. 문은, 문일 수도 있고 벽일 수도 있습니다.

'아무데도 없는 나라' — 유토피아의 꿈. 그것은 지금 없는 곳에 대한 꿈이며 더 나은, 더 좋은 곳을 향해 움직여가는 마음의 몽상입니다. 나는 인류사를 통틀어 그 세목은 조금씩 다를지라도 '희망'이라는 이름의 그 무엇이 존재할 수 있는 한 마지막까지 존재하게 될 것이 유토피아의 꿈이라고 생각합니다. 개인적 유토피아로부터 그 개인이 속하여진 사회적 유토피아에 이르기까지, 계급의 질서가 생겨난 이래 더욱 절박하게 존재했던 이 '없는' '장소'에의 몽상은 모든 당대에 부여된 꿈이었으며 인류의 정신활동이 잉태할 수 있는 가장 순수한 형태의 에너지일 것이라고.

모든 시민이 함께 일하고 노동시간은 여섯 시간을 넘지 않으며 여가는 교양시간으로 돌리고 필요한 물품은 시장의 창고에서 자유롭게 꺼내어 쓸 수 있는 사회…… 토머스 모어가 꿈꾸었던 유토피아는 16세기 당시의 유럽사회를 비판하며 제시된 이상사회였지요. 소수의 안락을 위해 다수의 사람들이 극한의 노동을 감당해야 하는 부조리를 벗어나려는 꿈꾸기. 루쏘가 꿈꾸던 세계도, 18~19세기의 공상적 사회주의자들이 꿈꾸던 세계도, 죠지 오웰과 헉슬리의 검은 낯꿈도 현재로부터 출발한 몽환의 세계입니다. 자신의 딸이 더 나은 세상에서 살게 하고 싶었던 체 게바라의 꿈, 맑스와 레닌과 로자의 꿈, 기계이기를 원치 않았던 전태일의 꿈, 이 모든 스파르타쿠스의 꿈은 언제나 현재형이며 언제나 미래형입니다.

현실의 모순이 첨예할수록 꿈은 깊어집니다. 현실이 비관적일수록 꿈은 왕성해집니다. 이것이 몽환의 현재성이며 몽환의 물질성이라고 나는 종종 생각합니다. 반역과 혁명은 삶의 원초적인 동인입니다. 억눌리고 빼앗긴 것에 대한 수동적인 반응으로서의 혁명이 아니라 삶 자체에 내재하는 힘, 지금과는 다른 더 나은 삶에 대한 꿈꾸기로서의 혁명. 그리하여 혁명이라는 몽환은, 세계에 대한 비관이 길어올릴 수 있는 가장 아름다운 에너지의 파동을 나의, 우리의 몸 속으로 밀어넣습니다. 세계가 슬프면 슬플수록 더욱.

붉은 시편

눈을 감고 하나의 영상을 떠올립니다. 아득한 평원을 향해 걸어가는 알몸의 처녀들, 그들의 어깨에 내려앉는 비둘기, 불타오르는 곡식들, 총소리, 피 흐르는 손등에서 피어나는 붉은 꽃, 강물에 뿌려진 붉은 피, 전진하라 노동자여 동등한 권리를 위하여…… 거듭되는 노래와 춤과 대결과 주검과 꽃들.

미클로시 얀초의 영화 「붉은 시편」의 아름답고 슬픈 영상들이 환영처럼 평원을 가로질러 흐릅니다. '시편'은 끊임없이 움직입니다. 얀초의 카메라는 멈추어 있지 않으며 과거와 현재와 미래를 하나의 자장 속으로 유려하고 장중한 리듬으로 불러들입니다. 끊임없는 움직임. 흐르는 카메라와 흐르는 인물들. '시편' 속에는 전형을 획득한 영웅적인 노동자 투사가 없습니다. 어느 한 개인에게 초점이 맞추어지지 않은 시편 속의 인물들은 춤추고 노래하며 그들의 역사와 암담함과 분노를 말합니다. 한순간도 고정되어 있지 않은 이 끊임없는 움직임을 통하여 현재의 시간으로부터 출발한 그들은 그들만의 시간을 벗어납니다. 19세기 말 헝가리 농민봉기를 영화화한 「붉은 시편」은 특정한 역사적 사건을 말하고 있으면서 동시에 '특정한' 시간과 사건을 벗어납니다. 지주와 민중 간의 대립과 회유와 갈등, 민중 내부의 갈등, 억압자 내부의 동요와 고뇌하는 병사의 눈빛, 이 모든 것들이 끊임없이 움직이면서 역사의 무게에 짓눌리는 것이 아니라 구체적인 삶의 무늬들로 떠오릅니다. 그 움직임은 역사에 대해, 자유와 해방에 대해, 혁명에 따르는 여러 복합적인 문제들에 대해 고뇌하게 하고 끝내 보호되어야 할 인간성에 대해 묻습니다. 그 세계 속에 웅변은 없습니다. 이상하지요. 공산주의자인 얀초가 그려 보이는 「붉은 시편」을 가만히 떠올리고 있노라면 인간에 의한 인간의 억압과 지배가 어느덧 무상해집니다. 맙소사, 인간에 의한 인간의 착취라니요! 그 무상함과 그 슬픔. 나는 착해지면서, 시간 저편의 세계에, 몽환의 뿌리에 닿습니다.

내 손끝이 스쳐온 몽환의 뿌리들. 그것들엔 거의 언제나 희미한 흙냄새와 피냄새가 스며 있습니다. 어떤 뿌리는 이미 성장을 멈추었고 어떤 뿌리는 스스로의 몸을 갈라 잔뿌리를 기르고 있기도 합니다. 나는 가만히 몸을 기대고 앉아 뿌리들이 저마다의 길을 찾아가는 소리를 듣습니다. 그러다가 나는 듣게 되었지요.

야! 바스따!(Ya! Basta!) 이제 그만! 그만 좀 해! 그 소리는 라깡도나 밀림으로부터 들려오는 사빠띠스따들의 외침입니다. 20세기 초 멕시코혁명의 지도자였던 에밀리아노 사빠따의 이름에서 유래한 사빠띠스따. 그들은 내게 현재진행형의 혁명이 가질 수 있는 다양한 층위의 아름다운 가능성에 대해 보여줍니다. 사빠띠스따 민족해방군의 대부분은 멕시코 치아빠스 주의 원주민들과 농민들입니다. 자신들의 토지에서 쫓겨나 기아와 빈곤에 시달려온 마야 원주민과 농민들은 70년대 후반부터 전 세계에 불어닥친 신자유주의 물결 속에서 더욱 혹독한 생존의 위협 아래 놓이게 되었지요. IMF를 비롯한 국제적 금융기관들의 부상으로 상징되는 화폐에 의한 삶의 통제로서의 신자유주의 세계체제에 대해, 우리의 삶에 대한 굴욕적인 '화폐의 명령'에 대해 그들은 외칩니다. 이제 그만! 하라고. 1994년 1월 1일. 북미자유무역협정의 발효와 동시에 무장봉기를 하게 된 사빠띠스따. 이제는 그만!이라고 그들은 말합니다. 5백여년간에 걸친 원주민들의 투쟁 속에서 변모되어온 지배자의 탐욕에 대해서. 노예제와 식민주의와 제국주의와 독재에 대해서. 초국적 금융자본의 주도 아래 신자유주의적 자본의 지배가 초래하는 경쟁과 굴종에의 강요에 대해서. 삶의 존엄을 상실케 하는 모든 권력에 대해서.

나는 그들의 목소리를 조심스럽게, 뜨거운 지지와 함께 듣습니다. 그들에게는 전통적인 혁명사에서 흔히 보이는 국가권력에의 의지가 없습니다. 무장봉기를 한 그들은 당이 되기를 거부하며 통제의 권력인 국가권력의 장악을 거부합니다. 국가가 대중을 권력행사의 주체로부터 권력집행의 대상으로 전락시킨다는 그들의 인식은 권력의 주체는 모든 개인들이라는 소박한 진실에 맞닿아 있습니다. 전위에 의한 목적의식적 지도를 거부함과 동시에 일체의 중앙집권적이고 권위적인 방식을 거부하는 그들에게서 나는 과거에 내가 고민했던, 대의를 위한 개인성의 희생이 혁명을 위한 모럴로 인식되던 때로부터의 새로운 지평의 가능성을 보았습니다. 은연중에 나는 혁명을 더 나은 삶을 위한 과정으로서가 아니라 목표로서 인식한 것은 아니었는가, 하는 자문을 합니다. 궁극적인 인간성의 해방이라는 과제 아래 현재의 인간성이 억압되어서는 안된다는 아픈 자각을 동반하게 하였습니다.

그들은 멕시코인 모두가 사빠띠스따의 기치 아래 일치단결할 수 있다고 주장하지 않습니다. 그들은 다양한 필요와 욕구 및 전선의 상이함을 적극 인정합니다. 저개발국들의 자본주의적 개발논리에서 벗어나 그들만의 자율적이고 상호협력적인 공동체를 희망하는 그들은 모든 획일성을 거부하며 차이에 대한 존중을 실현하고자 합니다. 더불어 그들은 당당하게 선언합니다. "우리는 여기에 존재한다. 우리는 반역하는 존엄성이다"라고.

자신들의 땅에서 쫓겨나 잊혀져버린 사람들의 당당한 존재선언을 통해 그들이 희망하는 것은 치아빠스 원주민들의 문화 정치적 자율과 자치와 자유입니다. 그들에게는 국가나 민족 개념이 파생시키는 허울뿐인 경계가 없습니다. 같은 땅에서 공동의 투쟁을 통해 이루어진 공동체 내부의 연대와 신뢰가 있을 뿐. 이 열린 체계는 그리하여 전지구적 차원의 억압받고 투쟁하는 모든 집단과 개인들과의 연대를 가능케 합니다.

사빠띠스따의 부사령관 마르꼬스는 '거울의 덫'에 대한 얘기를 합니다. 그가 말하는 '거울 옆에 존재하는 혁명'은 거울에 비친 것만큼만 사고하도록 규정되는 관습으로부터 벗어나 모든 인간이 자기 스스로를 직접적이고 민주적으로 통제할 수 있는 자치와 자율을 구성할 수 있는 공간의 창출과 연결됩니다. 사회를 구성하는 각각의 구성 부문들, 지역적 문화적 정치적 공동체들이 그들 고유의 정치적 주권을 회복하고 인간성을 파괴하는 지배질서에 대한 문제제기를 통해 스스로의 삶의 '존엄성'을 되찾아가는 투쟁의 전선. 다양한 집단들의 상이한 투쟁이 인정되고 다양한 정치적 제안들이 논의될 수 있는 공간이 만들어지며 모든 사회 부문들이 자신들의 삶에 대한 직접적인 민주적 통제를 할 수 있기를 희망하는 그들의 혁명론은 전통적 의미의 좌파의 입장에서라면 비효율적이고 낭만적인 유토피아의 추구처럼 보일지도 모릅니다. 그러나 내가 그들의 전언에 깊은 공감을 보

이게 되는 것은 내가 꿈꾸어온 모든 혁명의 방법론을 통틀어 그
들에게서 가장 유토피아적인 지향성을 보기 때문입니다. 가장
유토피아적이라는 면에서 그들의 혁명은 가장 혁명적입니다.
혁명의 담론이 낳을 수 있는 가장 아름다운 그늘을 지니고 있습
니다.

그들은 라깡도나 밀림의 다섯번째 선언을 통해 이렇게 말합
니다. "침묵, 존엄, 그리고 저항은 우리의 유일한 힘이자 최선의
무기였다. 이들과 더불어 우리는 싸웠고 강력한 적을 물리쳤다.
적은 이성과 정의가 없었기 때문이다. 우리의 경험으로부터, 그
리고 이 땅에 처음 살았던 우리 선조가 가르쳐준, 길고도 빛나
는 원주민 투쟁의 역사로부터, 우리는 우리의 무기를 벼려내었
고, 우리의 침묵의 군대를, 우리의 존엄의 빛을, 우리의 저항의
성벽을 만들어냈다." 이것은 라깡도나 밀림의 네번째 선언이 발
표된 1996년 1월로부터 약 2년 반 만에 발표된 선언이었으며 그
동안 그들은 멕시코정부군의 엄청난 탄압과 학살에 맞서 침묵
으로 싸웠습니다. 멕시코정부의 야비한 흑색선전에 대한 침묵
의 대응을 통해 그들은 누가 학살자인지를 이성과 정의의 이름
으로 밝혀냈습니다. '존엄'과 '진리'가 현존함을 믿는 사빠띠스
따. 나는 이것이 원주민 투쟁의 역사로부터 그들이 배운 가장
소중한 것이라고 생각합니다. 해에게도 달에게도 대지에게도
대지에 깃들인 인간에게도, 존재하는 모든 것들에 존재의 비밀

과 존엄함이 있음을 믿었던 인디언 민중들처럼.

  그리하여 사빠띠스따들은 혁명은 정의되지 않는 무엇이며 끊임없는 질문의 과정이라고 말합니다. 혁명적 실천과 문화적 실천은 구분되지 않으며 동일한 과정의 다른 표현일 뿐이라고. 문화와 혁명은 '삶'으로 통일되어 있고 스스로가 자신의 삶을 통치해가는 과정이 문화적 실천의 과정이자 혁명적 실천의 과정이라고. "화폐와 시장에 의해 지배받지 않으며 인간들 모두가 스스로를 통치할 수 있는 사회를 건설"하기 위해 그들은 걷습니다. 그들에게 혁명은 인간의 존엄을 향한, 자율과 자치를 향한 끊임없는 저항의 과정이며 대화의 과정이므로. 나는 진심으로 그들의 슬로건에 동의합니다. "물으면서 우리는 걷는다."

다시, 석류나무에게로

                    편지가 길어졌습니다. 편지를 쓰는 내내 마음이 시달렸습니다. 여전히 세계를 읽어내려고 장님처럼 더듬거리며 보이지 않는 길의 전갈에 귀기울이면서 내가 정말 찾아내고 싶은 것은 무엇일까요. 나무들은 자기의 몸으로만 자기의 영역을 만듭니다. 당신과 내가 바라보던 고향 마을의 석류나무도 지금쯤 자신의 발치에 둥그렇게 잎새들을 떨구어놓았을 것입니다. 그 둥근 그늘은 석류나무의 것이며 땅의 것이며 우듬지가 헤엄쳐가던 하늘의 것입니다. 그렇게 자기의 몸은 자기의 것이면서 모든 시간의 것이 됩니다. 석류나무는 올해도 저 좋은 곳에 둥근 열매를 매달았을 것입니다. 너무 쓸쓸해 보였던 가지 끝이거나 여기쯤 매달면 담장 밑이 환해지겠다 싶은 곳이거나 자꾸만 그리워서 여러번 들여다본 어느 꽃자리쯤에. 둥글지만 닫혀 있지 않은, 자기의 방을 가졌으나 살풋하게 방문을 열어놓은, 붉은 열매의 몸 속으로 걸어들어갑니다. 세상에! 하나의 열매 속에 이렇게 여러 개의 방이 있네요. 그 각각의 방 속에 또 빼곡히 들어찬 보석 같은 붉은 방들! 그것들은 나를 따스한 핏물이 스며든 구체적인 인간의 육체로, 포기할 수 없는 꿈으로 안내합니다. 모든 존재는 홀로이며 동시에 겹쳐져 있습니다. 무엇보다 너 자신이 되어야 한다고 아프게 나를 바라보던 당신에게 나는 쓰고 싶었던 것일까요. 겹침의 틈새, 나 자신이면서 동시에 당신인 시간에 대해. 나 자신이 되기 위해 내게 겹쳐져 있는 모든 틈새를 열어보는 일에 대해.

검은 꽃 이야기

유나바머

어느날 기술공학을 연구하는 대학연구소에 검은 꽃 한송이가 배달됩니다. 검은 꽃이 째깍거립니다. 검은 꽃이 폭발합니다. 순식간에 꽃봉오리가 활짝 열리면서 연구소 안의 기계들이 으스러집니다. 한 사내가 회심의 미소를 지으며 검은 꽃봉오리 속에서 꽃의 전갈을 꺼내어 낭독하기 시작합니다. "인류에 있어 산업혁명과 그 결과는 재앙이었다"로 시작하는 장문의 선언문. 뜻밖에도, 검은 꽃의 메시지는 초록빛 자연입니다.

유나바머(시어도어 카진스키)는 내게 퍽 흥미로운 인물입니다. 1978년부터 1995년에 이르기까지 여러차례 폭탄 테러를 했던, 1995년 자신의 논문 「산업사회와 그 미래」를 언론에 공개하는 것을 마지막으로 자발적 구금상태에 들어가 종신형을 살고 있는 테러리스트. 그가 테러를 감행한 곳들은 주로 과학기술 연구에 종사하는 기관들이거나 대학연구소들이었지요. 래디컬한 독설가의 면모와 자유주의자의 면모와 위험천만해 보이는 정치적 편협성을 한꺼번에 가진 이 인물에 대해서 호오를 가늠할 생각은 없습니다. 동의할 수 없는 많은 부분을 가진 그의 선언서에 대해서도. 다만 내가 그의 선언문을 읽으면서 들었던 두 가지 생각에 대한 말씀을 당신께 드리고자 합니다.

첫번째. 그는 혁명을 말합니다. 그것도 매우 과격하게. 그런데 그가 말하는 혁명은 정치혁명도, 생산수단의 소유형태를 변화시키고자 하는 혁명도 아닙니다. 인간에 의한 인간의 억압과 착취를 근절시키고자 하는 전통적 의미의 혁명이 아니라 전혀 다른 맥락에서 그는 혁명을 말합니다. 우리가 살고 있는 산업-테크놀로지 사회체제가 사회적 정신적 환경적으로 인류에게 재앙임을, 테크놀로지가 개인의 자유와 지역의 자율성의 희생이라는 비싼 댓가를 치르며 체제를 강화해왔다는 것을, 모든 부분이 다른 부분에 의존하는 통합된 씨스템으로서의 기술은 점점 더 인간의 자연스러운 행동방식과는 거리가 먼 방식으로 인간을 강제하는 강력한 사회적 권력이 되었다는 것을. 그리하여 그는 이 기술권력을 완전히 전복하는 혁명을 꿈꿉니다. 테크놀로지에 대한 반란. 이것은 19세기 초의 러다이트 운동을 떠올리게도 하지만 러다이트가 기계로 인한 고용감소와 실업의 증가에 대한 반작용이었던 것에 비해, 그는 산업-테크놀로지 체제 전체의 완전한 폐기와 망각을 꿈꿉니다.

그가 제시하는 혁명의 긍정적 이상은 자연 — 말 그대로의 순수(wild)한 자연입니다. 인간의 간섭 및 관리와 통제로부터 자유로운 생물들과 지구가 조화롭게 각자의 기능을 수행하는 자연, 조직사회의 규제를 받지 않는 우연 자유의지 신의 산물인 개인으로서의 인간성이 포함된 자연. 이 새로운 세계 속에서 인간은 먹고살기 위해 농부가 되거나 목동 어부 사냥꾼이 되어야 할 것이며 지역공동체가 늘어날 것이고 첨단 테크놀로지와 고속통신이 사라지면서 정부를 비롯해 지역공동체를 통제하는 거대조직들의 능력이 제한될 것임을 그는 전망합니다. 그가 전망하는 테크놀로지에 대한 혁명의 세목들에 전적인 동감을 보낼 수는 없지만, 나는 적어도 "인류에 있어 산업혁명과 그 결과는 재앙이었다"라는 선언의 제1테제에 전면 동의합니다. 비단 인류에뿐만 아니라 이 별에 목숨을 부려놓은 모든 산것들에게 산업혁명과 그 결과는 명백한 재앙이었음을. 혹은, 명백한 재앙을 향해 가고 있음을. 이제 우리에게 혁명이란, 인간사회의 내부모순에 의해 인간사회의 내부에서 사유되고 실천되는 형태만이 아니라 인간을 포함한 생물 종 전체의 존립에 관계되는 사유까지를 포함해야 할 때가 되었습니다.

우리는 첨단 테크놀로지 사회를 향해 숨가쁘게 달려갑니다. 단지 신기술의 진보가 가져다줄 장밋빛 청사진만을 바라보면서. 게놈 프로젝트를 완성해낸 유전공학을 비롯하여 온갖 공학의 가공할 발전이 초래할 미래는 그 장밋빛 환상만큼이나 이 별에서의 모든 생명체계 자체를 위협할 만한 위력을 함께 갖추어 가고 있습니다. SF적인 공상이라고 생각되던 것들이 이미 벌어졌거나 벌어지고 있으며 21세기에는 더욱 가공할 만한 속도 속에 있게 될 것입니다. 19세기적인 의미의 '파놉티콘'은 막강한 테크놀로지의 위력으로 공적인 공간뿐만 아니라 사적 공간 속에서도 지속적으로 거듭나고 있습니다. 새로운 테크놀로지는 처음엔 선택사항이었다 해도 결국은 선택사항으로 남지 않지요. 새로운 테크놀로지는 그 테크놀로지를 이용하지 않고는 개인이 자기 기능을 수행하기 어렵거나 불가능한 방식으로 사회를 변화시킵니다. (사소하게는 우리 사회에서의 컴퓨터나 핸드폰 문화의 확산 경로만 보더라도 그렇습니다.) 산업사회가 살아남는다면 마침내 테크놀로지는 인간행동에 대한 완전한 통제권을 찾아낼 것이며, 진보된 기술권력을 쥔 극소수의 엘리뜨는 대중에 대해 더 강력한 통제권을 갖게 될 것이라는 유나바머의 전언은 그가 테크놀로지 전체에 대한 혁명이 개혁보다 쉽다,라고 말하게 되는 동기에 현실적인 증거들을 제공하고 있다고 보여집니다.

두번째, 그는 보수우파에 대해 거의 조롱에 가까운 태도를 보이는 것만큼이나 좌파에 대해서도 히스테리컬한 반응을 보입니다. 그가 사용하는 '좌파'의 범주는 모호하기 짝이 없고 비판의 준거 역시 지나치게 감정적이거나 출처가 불분명한 것들이 섞여 있긴 하지만, 집단주의의 맹목에 대한 그의 히스테리에는 일정한 타당성이 있습니다. 소위 진보진영 내부에서의 비민주적인 관행들이 구성원 내부의 암묵적인 묵인으로 곪아가는 경우를 우리는 종종 보게 되기 때문입니다. 옳은 이념이 지속적으로 옳기 위해서는 현실 속에서의 지속적인 자기갱신이 필요합니다. 민주적 의사소통 과정을 상실한 혁명세력은 필연적으로 애초의 신념으로부터 멀어져갑니다. 값비싼 댓가를 치르고 민중의 권력을 집행하기 위해 세워진 당(조직)이 급속한 관료화와 부패와 권위주의의 양상으로 스스로를 괴멸시켜간 전례들이 가까운 역사 속에서 흔히 목도됩니다. 권력을 획득하는 순간 또다른 권력욕망이 드러나곤 하며 지배와 억압이 지배자와 억압자뿐만 아니라 피억압자 내부에 의해서도 이중 삼중으로 드러나곤 합니다. 한때의 진보가 영원한 진보가 될 수 없으며 하나의 이념이 신화화될 때 인간에 의한 인간의 억압은 되풀이되기 십상입니다. 유나바머는 삐딱하게 흰눈을 뜨고 우리 속의 악의 씨앗들을 들추어 보입니다.

편리와 진보와 문명의 이름으로 포장된 테크놀로지에 대한 브레이크 없는 광신이 계속될 때, 나와 당신의 거처에 어느날 검은 꽃 한송이가 배달되어 올 것입니다. 검은 꽃이 째깍거립니다. 검은 꽃이 폭발합니다. 검은 꽃은, 우리가 기르고 있는, 우리들의 맹신 속에서 자라나고 있는 꽃입니다. 그후엔 무엇이 남게 될까요.

구름의 문에서 무늬를 얻다

 문을 들어설 때쯤 이 별의 모퉁이는 태양의 반대편으로 제 몸을 굴려가기 시작했습니다. 오래 달려온 빛의 마지막 거처가 적송 우듬지에서 일순 환해집니다. 멀리서 들려오는 법고 소리로 보아 저녁예불을 준비하는 모양입니다. 날꽃의 욕망을 무위로 쓸어안아 보듬으면서 법고 소리, 순연한 지화(紙花) 몇송이로 내 발밑에 눕습니다.
 바스락거리는 지화를 밟으며 나는 조금은 두근거렸고 내 두근거림이 또 조금은 겸연쩍어 흠, 흠, 잔기침을 두어 번 뱉으며

구름의 문, 운문(雲門)에 당도하였습니다. 누이의 거처인 이곳을 수차례 들락거렸건만 이상하게도 이 최초의 두근거림은 쉬이 여위지 않습니다. 어쩌면 나는 인간의 세상 속에서 다치고 무뎌져 감동 없는 내 마음밭에 혹여 남아 있을 두근거림을 찾아내기 위해 이곳에 오는지도 모르겠습니다.
　이제 막 서른을 넘어섰을 뿐인 당신이, 옛날엔…… 반짝이는 나뭇잎만 봐도 막 가슴이 두근거리곤 했었는데, 라고 말할 때, 그 '옛날엔……'이라는 말의 슬프고 아득한 질감. 꿈없는 시절을 배회하면서 한 생이 늙고 '꿈없음'에 적응하기 위해 제 꿈의 사지를 절단해가면서 우리는 한사람의 공인된 '사회인'이 되어갑니다. 이 무모함, 이 유전되는 결핍의 궁극에서 맞닥뜨리게 되는 야누스는 완전한 '일탈'과 완전한 '적응'의 두 얼굴을 쳐들고는, 봤냐? 내 얼굴 봤냐? 냉소하며 빙글빙글 웃곤 하지요. 그럴 때면 문득문득 솟구치는 살의. 그러나 내 살의는 나조차도 해치지 못하고 스러지곤 합니다. 생의 한 페이지에 견고한 갑골문자만 또 가득 새겨지지요. 갑골 속에서, '파각(破却)'이라는 말을 앙다물어 발음해보며 하루가 힘겹게 저물던 날들입니다.
　아, 저것. 불현듯 만나진 종루 위의 만다라. 둥글고 커다란 법고 앞에서 한 비구니의 자줏빛 가사 자락이 펄럭이며 소리를 띄워올립니다. 그 소리의 주름을 따라 겹겹이 포개어진 꽃잎들이 열리며 만다라화가 피어나기 시작합니다. 전신으로 하나의 원에 면벽하여 간구하고 두드리고 휘몰아가고 가쁜 숨을 내모는 사이, 하나의 원(圓), 하나의 공명통 속으로 빨려들어가는 모든 빛들이, 모든 음(音)들이 단순하여 아름다워집니다.

저 진자줏빛 법의. 그 빛깔은 오래 퇴적된 흙빛을 닮아 있고 생채기진 소나무 옹이가 오랜 시간 짜고 맵게 흘려온 송진을 닮아 있고 풍화된 인간의 뼈, 혹은 오래 익혀온 젓갈에서 우러나오는 육즙의 빛깔을 닮아 있습니다. 나는 한동안 법고 소리에 망연해져 있다가 종루 아래 주질러앉습니다. 옴 오오옴. 이제 범종이 울리기 시작하는군요. 일체 중생이 그 소리를 듣고 자신의 업장을 멸하여 평안에 들기를 기원하는 소리라고 하지요. 어느새 종루 밑에는 옹기종기 몇몇 사람들이 모여앉아 말이 없습니다. 호거산 허리가 석양빛에 곱게 가라앉고 있구요. 일몰의 풍경 속에 피어나는 지극한 평화, 묵연한 무늬들이 떠올라옵니다.

법고와 범종과 운편과 목어가 차례차례 제 소리의 소임을 다해가고 문득 고개를 드니 호랑이 형상을 닮았다는 호거산이 긴 속눈썹을 스윽 내리감고 묵상에 잠긴 진짜 호랑이가 되어 있었습니다. 소나무 둥치를 타고 오르는 연어떼가, 새끼를 품은 개똥지빠귀가, 어린 수레국화가 그렇게 서로 머리를 맞대고 묵상에 잠겨 있었습니다. 나는 보랏빛 수레국화 꽃술 속의 꿀벌 한 마리를 오래오래 바라보았습니다.

물소리, 빔

 계곡에 면한 객방에 짐을 풀고 이미 어두워진 절집 구석구석을 돌며 합장인사를 드렸습니다. 대웅전, 비로전, 지장전…… 심지어 부엌 아궁이 위에 모셔진 조왕님에 이르기까지 누이는 한구석도 빼놓지 않고 나를 데리고 다니며 삼배 합장을 시킵니다. 나는 원체 누구를 향해 머리를 조아리는 일에 도무지 익숙해지지 않는 유형의 인간이라 나의 합장은 늘 어설프고 데면데면한 것이었지만 이제는 그 행위가 일깨우는 어떤 기쁨에 조금은 익숙해진 편입니다. 그것은 나를 비우며 내가 가득해지는 기쁨이라고나 할까요. 세상을 향해 완전무장한 아상(我相)을 잠시 허물고 나를 잊어 나를 들여다보게 되는 일. 나의 오체투지는 어떤 대상에 있지 않고 오로지 나를 향해 있는지도 모릅니다. 내가 절을 올리고 내가 그 절을 받습니다.
 객방으로 돌아오는 길, 배롱나무 아래 밤산책 나온 두꺼비를 만났습니다. 누이는 가볍게 그를 향해 합장인사를 합니다. 오랜만에 밤산책 나오셨군요. 안녕? 편히 자요, 하듯이. 구름 속에 들었던 백중 무렵의 보름달이 스윽 모습을 드러냅니다. 앗, 달이다! 늘 있던 달인데도 나는 소스라치며 저 아름다운 별이 부디 천천히 늙어가기를 기원하며 합장하였습니다. 태양의 잔광을 발효시키는 별, 스스로 빛을 발하지 않아 제 빛에 가둠당하지 않는 별, 달빛은 저의 내부를 소요하는 어떤 속삭임만으로도 충만해집니다. 저 달을 두고 인간이 만들어내는 무수한 상징의 언어들은 또 얼마나 편협한 아상으로 똘똘 뭉친 것들인지. 그러나마나 저 달은 저의 길을 갈 뿐이겠지요.

객방에 큰대자로 누워 있었습니다. 밤은 깊고 들리는 것은 물소리뿐입니다. 전깃불을 켜놓으면 밖은 안 보이고 방안만 시끄럽게 훤해집니다. 불을 꺼버렸습니다. 안이 저물어야 비로소 윤곽을 드러내는 저 바깥. 어슴푸레한 계곡의 능선으로 들어가고 싶어집니다. 그곳은 물의 누각이니, 물의 등뼈로 지어진 목침을 베고 누워 한잠 늘어지게 자고 나오면 당신은 호호백발이 되어 있을까 어쩔까. 그때에도 여전히 내가 그리웠노라고 말해줄까 어쩔까. 동종혐오의 지병이 깊은 내가 외진 산사에서 문득 당신을 떠올리는 걸 보면 사랑도 된통 걸린 사랑인가보지. 풋풋, 웃으며 돌아눕는데 물소리도 풋풋, 따라 웃습니다.

이상도 하지. 계곡을 흐르는 물소리에는 세상 모든 소리들이 다 들어 있습니다. 자기를 비워냄으로써 정형을 고집하지 않게 된 그것은 온갖 모양새의 돌들을 어르고 달래면서, 그러나 그것에 매이지 않고 흐릅니다. 하여, 지나온 모든 돌들의 기억을 조금씩 닮아 있는 물소리엔 온갖 소리들이 다 있고 동시에 없습니다. 오늘 나는 그 물소리 속에서 법고 소리를 듣고 당신의 웃음 소리를 듣고 물의 마음, 그 지극한 '빔'과 '자유로움'을 향해 긴 합장을 올립니다.

산안개,
지상에서 가장 아름다운 경전

내가 아는 한 지상에서 가장 아름다운 것은 물과 바람입니다. 보탠다면 너무 강렬하여 빠닥빠닥하지 않은 빛살, 일테면 새벽빛이나 저녁빛 같은 것. 그리고 나무들.

이른 새벽 피어오르는 산안개는 그 모든 것이 한데 어우러진 참으로 아름다운 경전입니다. 체(體)를 입었으나 체(體)가 없는, 가붓하게 제 몸을 띄워올려 바람의 길 위에 몸을 부린 저 자디잔 물방울들 사이로 내가 아는 모든 이름들이 스며들고 흘러갑니다. 새벽빛 속에 반짝거리기 시작하는 나뭇잎들이 순간, 몸을 띄워 천지사방 흩날릴 것도 같습니다. 참으로 아름다운 소멸의 이름으로 산안개는 피어오르고 까마득히 흩어져 자취를 남기지 않습니다. 이 모든 과정을, 이처럼 지극하게 공양되는 예불을 찬찬히 지켜보며 나는 내가 알지 못하는 어떤 말을 문득 중얼거려보는 것입니다. '나'는 본시 없고 '나'가 없었던 적도 없으니……

 이 아름다운 예불의 마지막에 즈음하여 나는 참으로 순하여지고 이미 없는, 이미 흩어져 사라진 흔적을 향해 지극한 합장을 올렸습니다. 허공을 향해 드리는 합장. 아, 그러고 보니 이와 비슷한 합장의 기억이 내게 두 번 더 있습니다.

 한번은 저 운문산 꼭대기의 기도 도량인 사리암에서였지요. 어머니에서 누이에 이르기까지 이래저래 나는 불연이 깊은 사람이지만 내게 있어 불교의 매혹이란 그 종교적 입성 때문이 아니라 철학적 사유의 지극하고 치열한 아름다움 때문입니다. 나는 고착된 형상을 입은 절대자를 믿지 못합니다. 붓다도 예수도 참으로 아름다운 구도의 인간들이었으나 그들에게 절대의 신격과 권좌가 부여되는 순간 나는 매혹을 잃습니다. 번쩍이는 금물을 입은 불상이나 북적거리는 십자가의 상징은 이 땅을 지배하는 다른 상징들, 내가 참으로 혐오해 마지않는 부와 권력과 관습의 힘 속에 천박해져가는 여타의 사회적 상징체계들과 다를 것이 없습니다.

 막연하지만 내가 느낄 수 있는 것은 우주의 도처에서 조용히 여닫히는 어떤 불가지한 힘, 내적 필연성을 지닌 에너지이며 그것은 편협한 인간의 관점이 고착화하는 절대형상으로서가 아니라 삼라만상에 차고 넘치는 불가해한 기운이라고 할까요. 신앙으로 치자면 나는 정령신앙에 가까울지도 모르겠습니다. 풀,

돌, 이슬, 나무와 바람의 정령들이 만들어내는 속삭임을 향해 내 귀가 열리고 그들이 전해주는 생과 사의 비의를 나는 숨가쁜 즐거움으로 듣곤 합니다.

이슬비 내리던 초겨울 저물녘, 산꼭대기 암자를 찾아 올라가는 길이었습니다. 비에 젖은 초겨울 나무들의 벗은 육신이 뿜어내는 향기, 나는 그 뭉클한 냄새를 부표삼아 소경처럼 산길을 더듬어 올랐지요. 남김없이 버릴 수 있는 이들의 그 소슬하고 고적한 평화로움이라니. '버림'을 통해서만 이듬해 소생의 근원을 얻는 이 엄정하고 아름다운 질서라니. '적극적인 가난'이라는 말이 가장 지순한 형태로 지상에 현현할 수 있다면 바로 저 겨울나무들을 통해서일 것입니다. 가질 수 있는 최소한의 것만으로 한 계절을 살아낸 이들만이 다다를 수 있는 영혼의 풍요로움이 그들에겐 있습니다. 벗은 자작나무 둥치에 오랫동안 이마를 대고 있던 나는 암자에 도착하자마자 합장을 올리기 시작했습니다. 그저 내 마음이 그리 시키는 것이었어요.

암자에서 모시고 있는 불상이나 나반존자 화상 같은 건 내 안중에 없었습니다. 허공을 향해, 겨울로 깊어가는 저 산과 낱낱이 하나의 우주목들인 헐벗은 순례목들을 향해 드리는 기도였다고 할까요. 어느 틈에 밤이 깊고 미명이 터오기 시작했습니다. 미명 속에 산을 감싸고 도는 젖줄기처럼 새벽 산안개가 피어오르고 이런, 말로만 듣던 삼천배를 내가 했나보다. 문득 깨달았지요.

 아침공양을 하는데 아주머니 한분이 내게 말을 걸어오더군요. 아직 어린 사람이 무슨 사연이 있어 그리도 간절한 기도를 올리냐구요. 저마다 각각의 소망을 품고 기도하러 온 그들에게 내가 품고 있는 소망의 품목이 궁금했던 모양입니다. 난처했지요. 내 마음에는 아무런 기원의 말도 없었거든요. 아무런 생각도 일지 않았고 허공, 겨울산, 겨울나무의 이미지만 간간이 피어올랐다 사라지고 '평화……' 라는 말이 몇번 떠올라왔을 뿐입니다.

 허공을 향한 합장의 기억, 그 두번째는 강릉 사근진 바다에서였어요. 일출을 보고자 했던 나는 사근진 해변, 물속에 반쯤 잠긴 바위 위에 오두마니 앉아 있었지요. 미명의 때, 청록의 바다가 거대한 가시연잎 한장으로 화하는가 싶더니 크고 잔 포말들이 연잎 위에 무수히 돋아난 가시들로 하늘을 찔러대기 시작했습니다. 가시에 찔린 하늘이 선연한 핏방울들을 뚝뚝 흘리기 시작하고 그 핏방울을 머금어 삼킨 바닷속으로부터 해가, 지금 막 수태되어 찰나의 순간 출산의 문에 다다른 그것이 어미의 살을 찢고 허공으로 던져올려지고 있었습니다.

 아, 나는 그토록 충일한 허무의 의식을 본 적이 없습니다. 일출, 나는 그것에서 희망이라든지 시작이라든지 하는 말들을 떠올릴 수 없습니다. 충만한 아름다움으로 출산되는 저 허무의 납자를 향해, 그 어미인 바다와 허공을 향해 나는 삼배 합장을 올렸습니다. 가여워라, 허무의 남자인 내가 그 절을 받습니다.

수련, 경계를 떠도는 여행

방금 목우정에 올라갔다 오는 길입니다. 운문사 학인스님들의 휴식처이기도 한 목우정 주변은 인공정원의 냄새가 너무 강해 그리 내 맘에 들진 않지만 아, 참으로 어여쁜 수련을 만났습니다. 가슴을 두근거리며 그이를 지켜보고 있자니 내게 커다란 소망이 하나 생겨버렸습니다. 수련과 소금쟁이들의 연못을 하나 가졌으면!

정자에 오른 누이는 가부좌를 틀고 이내 삼매에 빠지더니 백중날 영가 천도를 위한 독경을 시작했습니다. 가끔씩 요령이 수련잎 위의 이슬방울을 털어내듯 울리고 매미 울음이 연못 아래로 가라앉으며 물동그라미를 그립니다. 바람이 불 때마다 조금씩 유동하는 수련꽃. 수련은 놀라운 환생의 이미지를 내게 보여줍니다. 진흙 속에 구근을 묻고 잠들어 있던 그것이 물속에서 깨어나고 자라나 물의 표면으로 떠올라오기까지, 세 개의 차원을 동시에 치러내는 한 생(生)의 흔들림. 그 흔들림은 그러나 저의 원형을 벗어나지 못하고 물과 대기의 경계를 부유하며 작고 여리고 상처입기 쉬운 한 꽃송이를 피워냅니다. 나는 나도 모르게 가슴을 쓸어내리고는 저 아름답고 슬픈 꽃의 이마에 조심스레 입맞추었습니다.

어떤 이는 아는 만큼 보이고 보이는 만큼 사랑하게 된다고 하였지요. 나는 그 말의 뉘앙스가 마음에 들지 않습니다. 앎을 통해 얻게 되는 사랑이라니. 물론 그것은 인간의 관점에서는 지극히 편리하고 합리적인 발상이지만, 인간의 지식 저편에서 스스로 그리되어지는 불가지한 것들 앞에 그 앎이란 도대체 무엇일까요. 하물며 앎과 결부된 사랑이라니요.

내가 사랑하는 한그루 자작나무는 인간으로부터 자작나무라는 이름을 얻기 이전에도 '그 나무'였으며 학명과 속명과 생태보고서 이전에도 '그 나무'였을 뿐입니다. 당신은 가끔 내게 가볼 만한 사찰이나 유적에 대해 묻곤 하지요. 그러면 나는 내가 참으로 사랑하는 몇몇 풍경들을 읊어줍니다. 비오는 날의 가을 내소사라든가 겨울 부석사, 바람부는 날 선운사 도솔암 올라가는 길, 새벽 운주사…… 등등으로 말이지요. 그러나 나는 알고 있습니다. 내가 사랑하는 그 풍경들을 당신도 사랑하게 될 확률은 극히 미미하다는 것을.

무량수전 기둥이 어떠하고 내소사 문살이 어떠하여 감탄할 만하다는 이유로 사랑을 말하는 일을 당신은 하지 않을 것이므로 더더욱 그렇습니다. 내가 사랑하는 풍경이라고 말할 때, '사랑하는'이라는 수식어가 붙여질 수 있는 것은 내소사, 부석사,

운주사, 선암사 등의 고립된 실체로서가 아닙니다. 그래서 나는 비오는 가을날의, 바람부는 날의, 겨울의, 새벽의,라는 수식어를 또다시 달곤 하지만 그 역시 참으로 역부족인 셈이지요. 영혼의 풍경이 되는 어떤 풍경은 숱한 날들 중의 어느 한순간 문득 만나지며 그 문득의 가능성은 개개의 인간이 갖는 영혼의 결에 따라 모두 다릅니다. 그것은 그냥 옵니다. 전신의 느낌으로 말이지요. 수차례 선운사를 들락거리던 내가 바람 많이 불던 어느 가을날 문득 사랑을 깨달은 것처럼 당신도 어느날 어느 곳에서 문득 당신의 풍경과 만나지겠지요.

학인스님들이 울력을 가나봅니다. 나도 저 밭길로 여행을 가야겠습니다.

폐허 이야기

추석에 강릉 집에 갔다가 당두마을에 들렀습니다. 파며 배추며 감자를 길러 먹던 당두집 윗녘의 작은 자드락밭. 야트막한 산 아래 몇채의 함석집이 옹기종기 모여 있던 그 마을에 지금은 커다란 아파트 단지가 들어섰습니다. 녹지에 속한 우리 밭은 아파트 단지 뒤편과 산자락에 걸쳐 있는 무성한 수풀림처럼 보이더군요. 몇차례 이사를 하면서 거리가 생긴 그 밭을 돌볼 만한 기력이 없는 엄마는 밭이 다 망가져버렸다며 한숨을 쉬셨지만, 저는 그 밭에 들어서면서 탄성을 질렀답니다.

밭이라고 하기엔 폐허에 가까운, 그 황폐한 작은 밭의 소리…… 그러나 그 밭의 소리는 내가 여태껏 보아온 어떤 밭보다도 풍성한 생동감을 가진 것이었습니다. 경작하고 가꾸어 규칙과 질서가 생긴 밭에서는 보통 윤기있는 건반악기 같은 소리들이 흘러나옵니다. 이를테면 내가 청보리밭 가운데 눈을 감고 서서 귀기울일 때, 그 밭의 소리는 나를 흐뭇하고 행복한 느낌에 젖게 합니다. 고적한 소읍의 간이역 의자에 눈을 감고 앉아 소읍의 소리에 귀기울일 때도 그와 비슷한 느낌을 받게 될 때가 있지요. 그런데 당두마을 작은 밭의 소리는 느낌이 전혀 다른, 길들여지지 않은 어떤 삐걱임으로 가득 차 있었다고나 할까요. 자유분방하고 영감에 가득 찬, 어딘지 불안한 듯하면서도 죄를 모르는 꿈들과 비밀들이 잉큼거리는, 고요한 소요……

인간의 관점으로 치자면 황폐하기 이를 데 없어진 그 밭에는 저마다 다른 빛깔을 입은 소리들이 넘치고 있었습니다. 산자락에 면한 밭둑의 은빛 억새들과 연보랏빛 구절초, 노랑 마타리꽃, 어릴 적 추억이 고스란히 묻어 있는 아랫녘 가장자리의 감나무, 밤나무, 모과나무, 뽕나무의 잎새와 열매들이 서로를 간섭하지 않고 오직 자기만의 소리들로 수런거립니다.

이름모를 수풀들이 잔뜩 우거진 밭 속으로 걸어들어가자 자기 몸 하나만을 의지하여 야생의 것으로 해마다 거듭난 콩덩굴과 녹두덩굴이 칡덩굴과 어울리며 저희들 좋은 곳에서 꼬투리를 마음껏 매달고 있었습니다. 가을햇볕에 바싹 익은 녹두 꼬투리들이 저절로 탁, 탁, 터지며 작은 녹두알들을 오종종 쏟아내기도 하구요. 지난해 어느날 엄마가 안쪽 밭둑가에 씨앗을 심어놓고 잊어먹었다는 호박덩굴이 수풀 사이사이에 달집처럼 환한 약호박을 비밀스레 키우고 있었지요. 서쪽 수풀 속에는 붉게 익은 뱀딸기가 저희들만의 자그만 정원을 일궈놓고 있었습니다. 아름다운 꽃뱀이 그곳을 지나간다면 그 고운 빛에 질투가 나서라도 한입 가득 따먹지 않고는 못 배길 만큼 고운 딸기밭. 보이는 대로 녹두 꼬투리를 따 바구니에 담으며 밭을 헤쳐가는 동안 나는 미지의 세계에 초대된 아이처럼 으쓱해지고 보이는 모든 것이 신기해 어쩔 줄 몰랐답니다. 그러다가 쉬잇! 북쪽 맨 가장자리에서 그 가시나무덩굴을 발견하였습니다.

내가 보아온 가시 달린 어떤 식물과도 닮지 않은 가시덩굴. 그 덩굴식물의 온몸에 빼곡하게 들어찬 은청빛 가시들은 '가시'라는 말이 파생시킬 수 있는 가장 완강한 슬픔을 지닌, 음산하고도 고혹적인 이명을 지니고 있었습니다. 밭 가득 자글거리며 피어나던 온갖 소리들도 그 주변에 이르러서는 고요해지고 있었지요. 나는 단박에 알아챌 수 있었습니다. 그 가시나무덩굴에게 자신의 영토를 넓히고자 하는 욕망이 전혀 없다는 것을. 단지 그토록 완강한 은청빛 가시덩굴로 지켜야만 할 어떤 비밀이 있을 뿐이라는 것을.

나는 어림잡아보기 시작했지요. 오래 전 우리가 살았던 집들은 자취가 이미 없고 산으로 연결되던 작은 길도 수풀에 덮여버렸지만 당두밭을 중심으로 셈하여보았을 때 가시덩굴이 덮고 있는 바로 그 자리는 덕삼이 할머니네의 우물 자리였습니다.

그녀를 기억합니다. 당두마을 맨 윗집, 산자락 바로 아래 비끄러매어져 있던 토굴 같은 작은 집에서 홀로 살던 그녀를. 아들이 하나 있다는 말은 들었으나 그의 모습을 본 적은 없습니다. 어린날의 내 기억에 남아 있는 그녀의 영상은, 군불을 지필 마른 솔가지를 갈퀴로 긁어모으던 바싹 야윈 뒷모습이나 노랑꾀꼬리버섯을 따기 위해 버들고리를 옆에 끼고 산을 오르거나 내려가는 자그마한 실루엣입니다. 가끔 그녀는 한번도 들어본 적 없는 이상한 노래를 흥얼거리기도 하였는데, 산에서 놀다가 낮은 목소리로 흥얼거리고 있는 그녀의 뒷모습을 발견하기라도 할라치면 혼비백산 도망을 치곤 했지요. 어린아이들이 으레 그렇듯 좀 과장된 무서움증을 동반하면서 말입니다.

그 덕삼이 할머니네의 우물. 내성적이고 혼자 놀기 좋아하던 나에게 그 우물은 내가 간직했던 몇몇 비밀스런 놀이터 중의 하나였지요. 깊이를 알 수 없는 맑은 물이 찰방거리던 우물 속을 들여다보고 있으면 왠지 좀 무섭기도 했지만 우물 속에 대고 말을 걸면 우물은 신비로운 방식으로 내 말을 받아주곤 했습니다. 이를테면 내가 '깨꽃!' 하고 우물에 대고 소리를 치면 우물은

'깨꽃'이라는 말을 받아안고 저 혼자 웅웅거리다가 내게 '고깔'이라는 말을 돌려줍니다. 나는 '고깔'의 끝말을 받아 '깔때기!' 이렇게 소리를 지르지요. 그러면 우물은 '깔때기'라는 말을 받아안고 또 저 혼자 웅웅거리다가 어떤 말을 내게 되돌려줍니다. 우물과 나의 '끝말잇기' 놀이는 우물의 기분에 따라 예측할 수 없는 놀라운 단어들을 내게 가르쳐주었고 나는 우물이 저 혼자 웅웅거릴 때, 그 이명과도 같은 아득한 발성에 정신을 바짝 차려야 했지요. 우물이 들려주는 말은 으레 '끝말잇기'의 규칙과는 상관없이 진행되곤 했지만 어린 내가 알고 있던 단어들 역시 부족하기 짝이 없었으니 우리는 피차 규칙을 위반하면서 우물과 나만 아는 단어들을 만들며 놀았던 셈입니다.

도톰한 솔이끼들이 우물 가장자리에 빼곡히 들어차고 노랗고 작은 꽃을 매단 돌나물이 촘촘히 돋아나곤 했던 그 우물 근처의 물앵두나무도 기억합니다. 탐스럽게 열린 물앵두를 두 손 가득 따 담다가 둔덕 위에서 아래를 내려다보고 있던 덕삼이 할머니와 눈길이 마주친 적이 있었습니다. 그것이 내가 멀리서나마 그녀와 눈길을 마주했던 처음이자 마지막이었지요. 앵두서리를 하다가 들킨 셈이니 나는 심장이 멎어버릴 만큼 긴장하여 얼어붙어 있었는데, 의외로 그녀는 물끄러미 나를 내려다보더니 알 듯 말 듯 고개를 끄덕거려주고는 그냥 집으로 들어가는 것이었습니다.

그후로도 나는 종종 그 우물가에 놀러 가곤 했지만, 내가 앵두를 따거나 조금 더 위쪽의 꽤나무에서 꽤를 따거나 할 때 그녀와 마주친 적은 없습니다. 뒷산과 텃밭을 오갈 뿐, 마을 나들이를 거의 하지 않는 그녀가 나의 인기척을 느끼고 있었음이 분명한데도 말이지요.

그녀가 언제, 왜 죽었는지는 알 수 없습니다. 우리가 그 마을을 떠나온 지 아주 오랜 후 그녀가 죽었다는 얘기를 우연히 엄마에게서 들었을 뿐. 가시덩굴의 고요만을 남기고 밭의 소리들이 다시 달그락거리기 시작합니다. 아니, 가만히 귀를 기울이니, 가시덩굴 속 폐허가 된 깊은 우물 속에서 무슨 소리가 들려오는 것도 같습니다. 숟가락이 달그락거리는 소리, 싸리비로 마당을 쓰는 소리, 언제 오나…… 언제 오나…… 중얼거리며 마당을 서성거리는 고무신 끄는 소리 같은 것들이.

산벚꽃과 철쭉과 깨꽃과
해바라기

나는 세살부터 열여덟살까지 강릉을 벗어나 살아본 적이 없습니다. 갓 태어난 후 세살 때까지는 도계, 통리, 동점 같은 태백의 작은 소읍을 떠돌면서 살았다고 합니다만, 그 시간은 내 가장 오래된 기억 속에서조차 사라진 시간이지요. 한 인간에게 있어 서너살 때까지의 기억이란 오늘의 나와 연결된 현실감있는 세계라기보다는 출생 이전의 시간대와 더 밀접한 비현실의 세계인 듯합니다. 종종 그것은 기억되지 않거나, 기억의 편린 속에 존재한다고 하더라도 아귀가 맞추어지지 않는 이상한 나라의 퍼즐처럼 존재하곤 하지요.

죽은 자들이 누구나 건너야 한다는 망각의 강 레테처럼 이전의 어떤 생으로부터 현생의 삶을 얻어 우리가 지상에 올 때, 전생의 기억을 망각하기 위해 존재하는 시기가 이 기억나지 않는 유년의 시간일지도 모른다는 생각을 하곤 합니다. 태어나면서 아이들이 말을 하지 못하는 것은 말을 배우지 못해서가 아니라 이전의 생에서 쓰던 말을 잊어버릴 수 있도록 마련된 묵언의 시간일지도 모른다는. 이전의 어떤 생에서 죽음을 거쳐 이번의 생으로 오는 사이 채 잊혀지지 않은 말들을 마저 잊어버릴 수 있도록 유보된 경계의 시간, 그 사라진 기억의 시간 속으로 나는 기이하게 겹쳐 있는 꽃과 아이들을 불러들이곤 합니다.

어떤 지명이 마음을 울렁거리게 할 때가 있지요. 이를테면 나는 '대관령'이라는 말, '강릉'이라는 말을 발음하거나 들을 때면 마음이 미세하게 일렁거립니다. 그때의 일렁임은 어떤 관능적인 물너울 같은 것으로 오곤 하지요. 그런데 사북은 좀 다릅니다. 영동선 열차를 타고 하염없는 길을 재촉하다가 '다음 역은 사북, 사북입니다' 라는 안내방송을 들을 때면 이유없이 가슴이

폐허 이야기 187

덜컥 내려앉는 어떤 아득한 일렁거림. 그때의 일렁임은 봄밤에 듣는 소쩍새 울음처럼 목젖이 아픈 붉고 싸아한 느낌으로, 낯설고도 낯익은 황량하고도 그리운 느낌으로 오곤 합니다.

내가 세살 때까지 살았다는 태백은 서쪽으로는 영월, 정선에 닿아 있고 동쪽으로는 삼척, 묵호, 강릉으로 이어지는 동해바다와 닿아 있지만 그 모든 곳과 차단된 듯한 내륙의 고독을 가진 땅입니다. 내가 그 땅을 다시 밟은 건 갓스물이 되던 해, 사북항쟁을 취재하기 위해 방문했을 때지요. 오랜 시간 북적이는 탄광지대였다가 썰물처럼 사람들이 빠져나간 사북, 고한, 철암, 동점, 도계…… 나는 그 가난한 폐허의 땅에서 기이한 아름다움과 평화와 쓸쓸함을 만납니다.

그것은 내 무의식의 지층에 오래도록 묻혀 있던 아름다운 생물의 화석을 만지는 것 같은 느낌으로 오곤 하지요. 기억에 존재하지 않는, 갓낳아진 내가 말을 잊음으로써 새로운 말을 배워가기 시작하던 때에 바라보았던 바로 그 풍경들 속에 있었을 법한 산벚꽃과 철쭉과 깨꽃과 해바라기.

사북을 지나던 언젠가였습니다. 열차 안에서 바라보던 먼 풍경 속으로 산벚꽃이 뽀얗게 피어 있는 작은 마당이 들어왔지요. 허물어질 듯 불안한 슬레이트 집의 나지막한 평상 위에 한 소녀가 오두마니 앉아 있었습니다. 찰나의 시간 속에 무수히 겹쳐진 환영들이 순식간에 내 가슴을 쓸고 지나갔습니다. 메마르게 흩어지는 산벚꽃나무 아래 앉아 긴 머리채를 하염없이 빗질하며 기찻길을 바라보고 있던 소녀. 내가 기억할 수 없는 아득한 때부터 나는 그 소녀를 알고 있었는지도 모릅니다. 내 마음에 쿵, 쿵, 발자국을 찍듯이 떨어져내리던 산벚꽃 잎새를 찢고 붉디붉은 철쭉꽃의 환영이 겹쳐져 온 것도, 붉은 철쭉 꽃잎 속에 웅크리고 있던 어린 짐승의 눈망울과 마주친 것도, 내가 기억할 수 없는 사라진 시간의 풍경이었는지 모릅니다.

지상에서 내가 만난 무수한 해바라기들 중 가장 강렬한 해바라기의 영상 또한 사북의 폐허 속에 있습니다. 사람이 살고 있는 집보다 빈집이 더 많아 보이던 비탈길, 오랫동안 비어 흉흉해진 사택 마당에 뿌리를 발돋움해 내 키만큼이나 훌쩍 자라 있던 노란 해바라기들. 찢어진 비닐막들이 펄럭이고 버려진 외짝의 신발, 흙이 반쯤이나 들어찬 빈 소주병이 뒹굴던 그 황폐한 마당 앞섶에 불붙은 노랑으로 두근거리던 해바라기의 낯빛은 폐허의 이미지를 강조하기 위해 일부러 장식해놓은 세트장의 소품처럼, 도발적이어서 오히려 쓸쓸한, 기이한 아름다움을 지니고 있는 것이었습니다.

깨꽃은 발가벗은 어린아이와 함께 있습니다. 뒤울을 따라 폐석더미가 구릉처럼 내려와 있던 낮은 집의 마당에서 나는 그 깨꽃을 보았지요. 고요한 대낮이었습니다. 집안에는 다른 인기척이 없었고 발가벗은 아이 하나가 혼자 놀고 있었습니다. 토닥토

닥 혼자서 흙집을 만들었다가 허물고, 손등을 타오른 개미를 말
갛게 바라보다가 가만히 쪼그려앉아 있다가, 조그만 제 고추를
조물락거려보다가 발뒤꿈치를 콩콩 굴러보다가, 깨꽃을 따서
꿀을 빨아 먹어보고 하늘을 향해 푸, 하고 던져올리고는 또 흙
집을 만들고…… 적막한 대낮을 견디며 혼자 놀던 아이를 가만
히 바라보아주고 있던 폐석더미 옆의 붉은 깨꽃들. 사라진 시간
의 기억을 향해 자꾸만 고갯짓하던 그 마당 위로 유난히 푸르러
서 서글퍼 보이던 하늘이 있었습니다.

폐허의 풍경 속에서 스며나오곤 하는 안타까운 그리움과 싸
아한 슬픔과 기우뚱한 아름다움들. 그것은 나의 시간을 이루는
이쪽과 저쪽 중 어느 쪽에 더 가까이 있는 것들이었을까요.

봄날은 간다

소포 잘 받았습니다. 당신이 보
내온 조그만 종이상자의 뚜껑을 여는 순간, 옹글당글거리며 튀
어올라 거실 가득 들어차는 소리들. 종알종알거리면서, 소곤거
리면서, 거실 귀퉁이와 소파 위와 창틀에 삼삼오오 모여앉아 뭐
라고 저희들끼리 한참을 지지배배거립니다. 상자 속에 갇혀 먼
길을 오느라 제법 심심해진 밤톨과 대추알들이 반짝거리며 뿜
어내는 잘 여문 갈빛과 고운 다홍빛의 소리들. 당신이 아침 저

녘 산봇길에 다람쥐들의 눈치를 보며 한움큼씩 주워모았을 열매들이 뿜어내는 빛과 소리의 잔치에 소슬한 내 거처의 저물녘이 일순 왁자해집니다.

장난기 많은 몇몇은 더러 내 어깨에 올라타고 깨금발을 뛰며 귓불에 대고 뭐라고 소곤거립니다. 나는 '응, 응' 하면서 건성으로 듣는 둥 마는 둥하였지만 개중 고운 낯빛의 소리 하나가 베란다 난간에 훌쩍 올라앉아 지는 해 쪽으로 하염없이 몸 굽혀갈 때, 고독하고 아름다운 이명 한줄기가 내가 알지 못하는 깊은 곳으로부터 스며나와 나를 흔들었습니다. 나는 풀잎처럼 몸을 둥글게 말고 내 속에서 울려오는 이명에 귀기울였지요. 난간에 앉아 하염없이 지는 해를 바라보고 있던 고운 낯빛의 그 소리가 흘긋, 나를 한번 쳐다보더니 먼 하늘로 가볍게 몸을 던지는 것이 보였습니다. 태양이 만들어내는 매일매일의 폐허 속으로, 허공 가득 뭉개지며 흘러가는 붉디붉은 일몰의 구름, 그 환하고 적요한 폐사지 속으로.

나는 그를 잡을 수도, 무슨 말을 건넬 수도 없었습니다. 다만, 쉿! 폐허를 향해 비상한 고운 낯빛의 그가 난간 위에 남겨놓은 나지막한 뒤척임에 귀기울였을 뿐. 그 뒤척임은 내 귀를 이끌어 먼산의 나무들이 옷 벗는 소리를 듣게 하였습니다. 인간으로부터 이름을 얻은 나무나 그렇지 않은 나무나 우듬지에서 키우던 마지막 잎새를 마저 떨구어 자기의 발치에 고요히 모시고 있는 풍경. 그 풍경의 안쪽으로 고요한 뒤척임이 그림자 없이 스며드는 이토록 이윽한 늦가을에 이르러서야 나는 문득 중얼거려보는 것입니다. 봄날은 간다…… 봄날은 간다……라고.

  이상하지요. 언제나 두어 발짝 느린 나는 계절이 몇번의 잉걸을 품고 난 후에야 불씨가 옮겨붙던 순간을 간신히 기억해내곤 합니다. 깊은 늦가을, 노랗게 물든 싸릿잎들이 눈보라처럼 흩어지고 붉게 물든 단풍잎들이 꽃잎처럼 떨어질 때, 모든 계절이 다른 모든 계절의 이름으로 적멸을 향해 있음을 비로소 알게 됩니다. 봄이 가을의 이름으로, 여름이 겨울의 이름으로 자신의 폐허를 완성해내고 있음을. 그리하여 내가 폐허……라고 말할 때, 그 폐허의 이미지는 봄과 여름에 가장 강렬해집니다. 그리고 뒤늦게 깨닫게 되곤 하지요. 새순이 돋고 꽃이 피기 시작하는 봄날 어느 오후에 문득 가슴이 뻐근하게 아파온 이유를, 진초록으로 이글거리는 여름숲의 어느 순간이 그토록 서늘하게 등뼈를 쓸어내린 이유를. 봄날이 갔구나!라고 다 늦은 가을날 문득 중얼거리다가 나는 그녀를 떠올립니다. 이름도 사는 곳도 살아 있는지 어떤지도 모르는, 다만 내 마음에 어둡고 환한 생채기로 남아 있는 두 사람 중 한명인 그녀.

  언제였던가요. 벌써 오륙년은 더 된 듯한데 화인처럼 기억에 선명한 그 걸인 여자. 단 한번 스쳐간 어떤 얼굴이 그 단 한번에 내 존재를 낱낱이 보아버린 듯한 느낌. 스스로 상처라고 믿은 것들 속에서 엄살떨고 있을 때, 그 얼굴은 갑자기 내게로 와 내 상처들을 들여다보았고 내가 상처라고 믿은 것들이 실은 아무 것도 아닐 수 있음을 느닷없이 깨닫게 하고는 사라졌습니다. 그 후로 한번도 만난 적 없는 얼굴, 그렇게 그녀는 생애 단 한번 나와 스쳐가게 운명지어졌던 것 같습니다.

2호선 순환전철이었지요. 연분홍 치마가 봄바람에 휘날리더라, 건너칸에서 막 건너온 한 목소리가 있었습니다. 도심의 전철에서 구걸을 하는 걸인들이 으레 부르곤 하는 찬송가가 아닌, 맙소사, '봄날은 간다'를 부르며 걸어오고 있는 여자. 앉은뱅이 시늉도 장님 시늉도 하지 않고 타박타박 발소리를 징검다리 삼아 건너온 그녀의 목소리는 끝이 조금씩 갈라지는 쉰된 음색을 하고 있었지만 이상한 습기를 머금고 있었습니다. 눈물의 냄새를 알고 있는, 슬플 때만이 아니라 노여움에도, 생이 허락한 자잘한 행복과 기쁨에도 눈물 흘려본 이라야 가질 수 있을 법한 목소리였지요.

언뜻언뜻 졸고 있던 내 귀에 감겨드는 그녀의 노랫소리는 한없이 느려지기도 하고 간혹 노래 부르는 것을 갑자기 잊은 듯이 뚝 끊어지기도 했습니다. 그 목소리가 천천히 다가오면서 나는 몹시 긴장했던 것 같습니다. 망설이며 내가 고개를 든, 손에 잡힐 듯한 거리에서 그녀와 눈이 마주친 그 찰나, '독한 슬픔'이라는 말이 허락될 수 있다면 저런 얼굴일 것이다,라고 생각했지요. 그때 나는 알 것 같았습니다. 슬픔이 오롯이 슬픔으로만 깊어질 수 있다면 슬픔의 뿌리에 평화가 깃들일 수도 있음을. 완전한 폐허에 깃들인 자유를.

입성은 남루했지만 그녀는 가벼워 보였습니다. 긴 목이 드러난 앙상한 얼굴이었지만 기이하게 눈빛이 살아 있는 그녀가 흔한 바구니 하나 없이 불쑥 누군가의 앞에 멈추어 서서 손을 내밀 때, 사람들은 이 기이한 구걸의 양식에 적이 당황했을지도 모릅니다. 그 손이 내 앞에 멈추었을 때 나 역시 어찌할 바를 몰랐으니까요. 하마터면 나는 그 손을 잡고 일어설 뻔했습니다. 손가락을 곧게 펴고 내밀어진 그 손은 무엇을 얻고자 하는 손이 아니었습니다. 오히려 그 손은 내게 말하고 있었지요. 버려야 할 것이 너무 많지 않니? 그것을 버리렴. 네가 얻고자 하는 것들이 실은 네가 버려야 할 것들인지도 모른단다.

그녀의 눈. 그 눈을 잊을 수가 없습니다. 그것은 텅 비어 있으므로 가득 차 있는 눈이었다고 할까요. 그 눈이 들여다보고 있는 것은 그녀의 슬픔이면서 동시에 나의 슬픔이었으며 이미 슬픔 아닌 것에 가닿아 있는 눈이었습니다. 그 눈은 아픈 눈이었으며 아픔마저 사랑하게 된 눈이었습니다. 내 어머니가 시시로 몸져누울 때마다 병이 동무하잖아. 심상하게 말씀하시며 익숙하고도 독하게 병과 놀아주던 깊은 저녁을 닮아 있는 눈. 그 눈은 찰나의 순간에 내가 지닌 속된 욕망들을 낱낱이 꿰뚫고 지나가며 무수한 질문들을 떠오르게 하였습니다. 내가 얻고자 하는 것들을 모두 버려버린 폐허 속에서, 그녀는 오히려 세상의 틈바구니에 뿌리내리고자 안간힘 쓰는 나를 위로하고 있었지요. 나는 그녀의 눈을 통해 처음으로 세상 속의 내 슬픔을 보았는지도 모릅니다. 내 존재의 비밀들, 헐겁고 뜨거운 영혼의 거처를.

고운 낯빛의 소리 한줄기가 몸을 던지던 구름의 폐사지, 그 속으로 그믐 같은 여자가 흘러듭니다. 여자의, 달의 영혼이 구름의 몸 속에서 텅 빈 나를 봅니다. 나는 조용히, 그토록 가득한, 폐허를 영접합니다.

고갯마루에서 마음을 내어말리다

마음과 몸이 곡기를 끊고 시름시름 아파지는 날들이 있습니다. 그럴 때면 내 마음이 몸을 이끌고 길 떠납니다. 어떤 때엔 내 몸이 먼저 다그쳐 마음을 이끌고 길 위에 있게 되기도 하지요. 그 충동은 나를 치유하려는 나 스스로의 의지이며, 나를 치유하려는 어머니 자연의 의지이기도 하다는 것을 나는 느끼고 있습니다. 광활하고 정교한 운행을 거듭하는 우주가 자기의 의지를 지니고 있음을 어느 때부터인가 어렴풋이 느끼게 된 것처럼, 인간의 지식이 가늠할 수 없는 광대한 우주에 부려진 한톨

풀씨 같은 이 지구별 역시 자신의 의지로 스스로의 존재를 가능
케 하고 있다는 것을. 이 어리고 푸른 별의 자기치유 과정을 지
켜보는 어머니 우주의 안타까운 마음이 밤마다 은하를 건너오
고 있다는 것을.

  그리하여 지구별 위에서 인간에 의해 자행되는 온갖 파괴와
유린에도 불구하고 이 별이 스스로를 복구해내는 놀라운 치유
의 과정이 지속되고 있는 것에 나는 숨막히는 경의를 보냅니다.
숨막히다…… 그것은 두려움을 동반한 경의입니다. 이토록 방
종한 인간이라는 종을 거두어먹이는 이 별이 어느날 더이상의
인내를 포기하고 치유의 의지를 스스로 폐기하는 때가 올까봐
두렵습니다. 우주의 의지와 이 별의 의지와 나의 의지. 이 모든
의지가 스스로를 버리지 말게 하소서. 기도가 간절해질 때면,
어느새 나는 강원도 땅에 들어서고 있습니다. 치유와 생성의 숨
결을 잉태한 땅. 인성보다는 신성을, 아우성보다는 고요한 기도
를 영접하는 땅이 그곳이기 때문입니다.

고갯마루에서
마음을 내어말리다

                    진부령 고갯마루에서 능선을
굽어봅니다. 산의 주름들이 가을빛 속에서 풍금소리를 내며 부

풀었다 꺼지고 다시 부풀어오릅니다. 저 숨소리 속에서 움을 틔우고 잎사귀를 기르며 열매를 맺어온 고단하고 환희에 찬 삶의 무늬들.

　강원도 땅에 들기 위해서는, 특히나 백두대간의 등뼈가 동해를 나란히하고 달리는 강원도에 들기 위해서는 험한 고갯길을 건너야 합니다. 대관령이어도 좋고 구룡령, 한계령, 미시령, 진부령, 진고갯길이어도 좋습니다. 그러나 어느 고개로 접어들건 한번쯤은 고갯마루에 멈추어 앉아 습습해진 마음을 꺼내어 말려야 합니다. 보이는 능선 아무 곳이나, 바로 '그 순간'의 마음이 내려서고 싶어하는 곳에 마음을 내어겁니다. 그리고 이윽토록, 마음이 저의 입술을 움직여 자기의 말을 할 때까지 바라보지요. 도심의 속도가 부채질한 거짓 욕망이 사라지고 오직 자기로부터 스며나온 참된 욕망이 바람 속에 나부끼며 떠오를 때까지. 먼 바다로부터 산을 거슬러올라와 심해로부터 얻은 육신을 고갯마루에 부려놓고 비, 바람, 눈보라 속에 자신을 낱낱이 해체시켜가는 한마리 물고기처럼 말입니다. 그러면 보게 될 때가 있습니다. 첩첩의 산들이 와르르와르르 파도치는 소리로 물결쳐가는 것을. 동해 깊은 바닷물 속에 찬란한 능선을 거느리고 앉은 첩첩의 산봉우리들을.

　내어말린 마음이 따라오기를 저어하면 고갯길에 그냥 두고 내려와도 좋습니다. 마음이 저만치 산능선에 퍼질러앉아 무언가 낳고 싶어하는 것이겠지요. 헐거운 내 몸을 따라오고 싶어하지 않는 마음을 한두 번 보채어보다가 나는 그저 끄덕거려주기로 합니다. 내가 모르는 무엇인가를 네가 낳고 싶어하는구나…… 햇빛 좋은 능선을 척 걸치고 앉아 떠날 줄 모르는 마음을 바라보다가 나는 야래자(夜來者) 설화를 떠올립니다. 곧 해가 질 것이니, 자궁 속 같은 어둠이 내려앉으면 누군가 저 마음을 찾아와 정분을 나누겠지. 하룻밤을 백년처럼 한 사나흘 살고 나면 저 마음은 돌을 낳고 나무를 낳고 구름을 낳고, 속절없을 줄 알면서도 첫울음이 싱싱한 한 아이를 낳아놓을지도 모르지……

푸른 도포의 형형한 사내가 밤과 더불어 찾아와 그와 정을 통한 여인이 견훤을 낳았다는 옛이야기를 떠올리며 나는 저만치 앉은 내 마음을 향해 빙긋 웃어 보입니다. 정을 통한 사내의 푸른 도포 자락에 실을 꿰어 쫓아가보았더니 땅속으로 하염없이 들어간 굴속의 큰 지렁이였다지요. 나는 이제 하하, 소리내어 사심없이 웃어 보입니다. 용과 정을 통하여 서동을 낳은 여인이나 햇빛과 정을 통하여 낳은 알 속에서 주몽을 얻은 유화부인처럼, 사람이 아닌 동식물과 정을 통하여 생명을 잉태하는 화소를 지닌 설화들이 가장 생생하고 자연스러워지는 땅이 강원도이니. 이 땅에서는 참 착한 지렁이와 거북과 용과 나무와 햇빛과 달빛과 사람이 사심없이 정분이 납니다. 산과 바다와 내(川)가

정을 통하여 사람을 빚고 바람을 빚습니다. 생명있는 것이나 없는 것이나 서로를 도와 정분을 내고 어린것들을 낳고 기르니 사람과 사람 아닌 것에 주종이 따로 없습니다. 사람과 햇빛의 교접이 이상할 것 없으며 사람과 동해 깊은 물살의 교접이 이상할 것 없지요.

나는 산능선에 마음을 떨구어놓고 고갯길을 내려가기 시작합니다. 돌아올 즈음 내 마음은 산봉우리와 교접하여 산이 되고, 산이 된 마음이 아름다운 나무와 교접하여 맑은 물을 낳고 있을지도 모르겠습니다.

이레째 훈뚠은 운명하였다

고갯길을 다 내려와 문득 고개를 올려다봅니다. 어린날 눈 쌓인 대관령이 내게 그러했듯이 내가 지나온 모든 고갯길들은 하나씩의 화두를 들어 손가락 끝에 매달아 보이곤 하였습니다. 이즈음 강원도 땅이 내게 던지는 가장 큰 화두는 '삶의 질'에 대한 문제입니다.

언제부턴가 사람들은 훼손되지 않은 자연을 말할 때 강원도를 떠올립니다. 울창한 삼림과 그 산이 낳는 풍부한 맑은 물을 지닌 강원도는 복된 땅임에 틀림없습니다. 그러나 또 언제부턴가 사람들은 자연을 스스로의 삶으로부터 분리시키고 찾아가

즐겨야 할 대상으로 이원화하고 있습니다. 스스로 자연이며 자연의 일부라는 것을 잊고 있는 것입니다. 피서철 풍광 좋다는 곳들을 향해 미어터지는 자동차의 행렬을 볼 때면 쓸쓸해집니다. 인파가 휩쓸고 지나간 자리에 여지없이 남는 온갖 오물들을 볼 때면 가슴이 답답합니다. 멀쩡한 도로를 놓아두고 새 도로를 놓기 위해, 돈벌이를 위한 레저와 향락사업을 위해, 산을 깎아내고 능선을 끊고 물줄기를 틀어막는 것을 보면 분노가 치밉니다. 훼손되지 않은 자연의 비경을 탐하면서도 자연을 단지 소모품으로 전락시켜버리는 인간의 이중사고에 넌더리가 납니다. 자연이 허락한 최소한의 것들에 안분할 줄 모르는 지치지 않는 탐욕에 현기증이 납니다. 자연이 살아 있을 때에라야 자연의 일부인 인간의 삶도 존재할 수 있다는 것을 잊곤 하는 아둔한 위정자와 힘 가진 장사치들의 이윤에의 탐닉이 소름끼칩니다.

  먹고 새끼치고 기도하고 사랑하는 한마리 짐승인 지구가 아파하는 소리를 듣습니다. 일체중생이 병들어 유마가 아프듯이 지구별이 병들어 어머니 우주가 아픈 소리를 듣습니다. 아마존 유역의 열대림 지역을 지구의 허파라고들 하지요. 한반도 전체 면적의 몇배가 넘는 그 열대림이 생성해내는 공기가 과도한 문명의 악천후가 빚은 혼탁한 지구별의 공기를 자정하고 있다지요. 거대한 밀림 속, 오로지 자신만 아는 혼돈의 질서 속에서 아마존이 생성하는 맑은 산소가 대양을 건너고 고원을 가로질러

지구 반대편의 풀잎 하나를 어루만지는 놀라운 연기(緣起)의 과정을 이 반도 땅 안에서는 강원도의 삼림이 행하고 있는 셈. 아마존 유역이 인간의 무분별한 개간과 채광과 벌목으로 황폐해지고 있다는 소문을 들어온 지 벌써 여러 해째입니다. 그로 인한 세계 도처의 기상이변의 징후들과 기근과 기아의 세습이 이 땅에도 닥쳐올지 모릅니다. 하물며 한반도의 허파인 강원도의 자연을 지켜내지 못한다면 그날은 훨씬 일찍 도래할 수도.

 강원도의 산하가 여전히 영성을 지닐 수 있는 것은, 아이러니하게도, 이 땅이 오랜 세월 인간을 쉬이 받아들이지 않은 땅이었기 때문입니다. 험한 산들이 첩첩이고 평지가 적으니 개척하고 개간하여 땅에 대한 주도권을 셈하기보다 땅과 바다에 '깃들여 사는 법'을 먼저 배워야 했기 때문이지요. 자연이 허락한 것들 속에 자신을 낮출 줄 아는 사람들, 정복과 지배의 욕망이 대자연의 섭리 앞에 부질없는 것임을 생존의 터전으로부터 깨달아 아는 이들이 있었기 때문입니다. 강원도의 산세는 남도의 산세와 그 성정이 다릅니다. 인간을 향해 열려 있기보다는 하늘을 향해 열려 있으며 인간의 꿈에 닿아 있기보다는 하늘의 꿈에 닿아 있습니다. 동해의 질감도 서남해의 그것과 사뭇 다릅니다. 서남해가 아기자기하고 인간을 포용하는 바다라면 동해는 세속을 쉽사리 허락하지 않는 고독한 절창이며 신성에 가까이 있는 바다입니다.

이 험한 자연으로 인해 큰 규모를 탐하는 마을이 들어설 수가 없으니 자연히 국가라는 제도적 틀 속에서 변방이 될 수밖에 없었던, 그 변방의 힘이 오히려 이 땅을 지켜온 셈. 나는 인간이 쉽사리 깃들일 수 없는 강원도의 자연에 외경을 보냅니다. 인간이 쉽사리 깃들일 수 없다는 점에서 강원도의 자연은 비인간적입니다. 이 별 전체가 인간중심주의의 맹목으로 병들어가고 있는 때, 반(反)생태적인 것은 결국 반(反)인간적인 것이기도 하다는 테제는 우리의 '삶의 질'을 근원적 의미로부터 돌아보게 합니다. 그리하여 강원도의 자연은 비인간적이므로 지극히 인간적인 것이 됩니다. 즐기고 소비할 거리를 찾아 함부로 발디뎌서는 안되는 땅, 강원도는 지속가능한 미래를 위한 긴급하고 열렬한 상징입니다.

장주(莊周)의 전언을 떠올립니다. 남해에 신이 살았는데 그 이름을 수(儵)라 하고 북해에 사는 신이 있어 그 이름을 후(忽)라 하고 중앙에 사는 신이 있어 그 이름을 훈뚠(混沌)이라 하였답니다. 어느날 수와 후는 훈뚠의 땅에 가서 놀았답니다. 훈뚠은 남과 북의 손님을 맞아 극진하게 대접을 하였다지요. 수와 후는 그냥 돌아올 수가 없어서 어떻게 훈뚠의 덕에 보답할 수 있을까 상의하다가 기발한 생각을 내었답니다. "그렇다! 사람들은 모두 일곱 구멍이 있어 보고 듣고 먹고 숨쉬고 하지 않는가. 그런데 우리 착한 훈뚠 신만이 아무 구멍이 없지 않은가. 보고 듣고 먹고 숨쉼이 없으니 얼마나 가련한가. 우리 함께 훈뚠의 환대에 보답하여 구멍을 뚫어주자!" 그들은 훈뚠의 몸에 하루 한 구멍씩을 뚫어나갔답니다. 눈구멍, 귓구멍, 콧구멍, 입구멍…… 구멍이 다 뚫린 이레째 훈뚠은 운명하였다. 이렇게 장주는 적고 있습니다. 훈뚠(混沌=혼돈)은 스스로 질서를 갖습니다. 자연은 자연의 이름으로 스스로 혼돈이며 질서입니다. 오늘은 또 어떤 구멍이 훈뚠의 몸을 관통하였을까요.

우는 모래야, 우는 모래야

고성 땅에 듭니다. 한반도의 남녘에서 갈 수 있는 강원도 최북단의 땅. 가을빛 일렁이는 고갯마루를 내려와 올려다본 산능선이 너무 아름다워서, 그 아름다움을 지켜주지 못할까봐 두렵고 쓸쓸해진 내 심사는 고성 땅에 이르러 더욱 스산해집니다. 아름다운 것을 아름답다,고만 말할 수 없는 복잡해진 내 심사에 화가 나기도 합니다. 고성은 해방 후 삼팔선이 그어졌을 때 북한 땅이 되었다가 6·25전쟁 후 휴전선으로 인해 둘로 나누어진 땅입니다. 원래의 고성군청이 있던 고성읍은 장전읍·외금강면 등과 북한에, 그 남쪽인 간성읍·거진읍 등이 남한에 속하게 되어 남한에 속한 읍과 면들이 지금의 고성군을 이루고 있습니다. 부산에서 출발해 동해안을 따라 올라오는 우리나라에서 가장 길고 아름다운 7번 국도가 끊기는 곳. 기찻길이 끊기는 곳. 사람의 출입이 끊기는 곳. 그러나 지리산 천왕봉으로부터 천육백여리를 거슬러 달려온 백두대간의 줄기는 시원의 봉우리 백두를 향해 내처 달려갑니다. 다만, 사람이 오르지 못할 뿐.

북녘을 바라봅니다. 하필이면 날씨는 요령소리처럼 쨍쨍해서 금강산과 해금강이 손에 잡힐 듯 선명하게 드러납니다. 일출봉, 채하봉, 세존봉, 옥녀봉, 신선대로 흐르던 외금강의 봉우리들이 동해로 뚜벅뚜벅 걸어들며 해금강을 이루고 더 먼 바다 저편까지 내달릴 기세로 말무리반도가 아득한 수평선을 향해 야생의 울음을 웁니다. 나는 단지 침묵으로 그 울음에 응답하며 무연히 서 있다가 홀로 중얼거렸습니다. 이토록 지척인데, 저 아름다운 산그늘 속으로 이대로 쭉 걸어서는 못 드는구나.

나는 민족이라는 이름으로 구획되는 편협한 혈통의 계보를 믿지 않습니다. 단지 이 부자연스러움, 같은 지역에서 같은 언어를 사용하며 살아온 생활공동체가 그 공동체를 이루는 민중의 의지가 아닌 방식으로 함부로 구획되고 유린되어서는 안된다고 생각합니다. 고향을 지척에 두고 고향에 갈 수 없는 사람들이 있다는 것이, 가족을 지척에 두고 만날 수 없는 사람들이 있다는 것이, 걸어가면 지척인 저 산능선을 만져볼 수 없다는 것이, 푸른 바다가 펼쳐놓은 백사장과 물결치듯 흘러내려오는 산들의 허리에 이물스럽게 내걸린 저 출입통제선이 너무도 '자연스럽지 못한' 것이기 때문에 나는 울적해집니다.

최북단 마을의 자그마한 학교인 명파초등학교 운동장을 오래도록 서성거렸습니다. 수업시간인지 사위가 고즈넉합니다. 저 아이들은 무엇을 꿈꾸고, 배우고, 질문하고 있을까요. 아득한 북방으로부터 날아와 송지호의 갈대숲에 내려앉는 철새떼의 날갯짓 소리를 그저 말없이 듣습니다. 새들이 비상하는 순간의 날갯짓 소리는 우주를 유랑하는 집시별들의 무위를 닮아 있습니다. 아름답다······라고밖에는 말할 수 없는 화진포 바닷가를 오래도록 서성입니다. 긴 세월 바다가 빚어놓은 눈부시게 희디흰 모래사장이 걸음을 옮길 때마다 무어라고 자꾸 속삭입니다. 가만히 귀기울이니 그것은 백두에서 시작되어 금강과 설악을 거쳐 남으로 흘러내려가는 백두대간의 능선과 나누는 밀어 같습니다. 그들의 밀어에 또 가만 귀기울이니 사람아, 사람아, 안타까워하는 탄식이 간간이 섞여 들립니다. 멀리 고갯마루에 내어 건 내 마음이 울적해져 동해를 굽어보고 있구요. 강원도 땅에 들 때면 언제나 그러했듯이, 인간인 것에 대해 용서를 구하는 기도가 간절해집니다.

만지기 위한 책

『아침 저녁으로 읽기 위하여』 하이네·브레히트·네루다 / 김남주 옮김

책은 사람에 의해 잉태되고 자라고 죽음을 맞는다. 동시에 '어떤' 책은 사람을 잉태하고 젖을 물리고 자라게 한다. 여기 한 권의 책이 있다. 작가도 사라지고, 수배지의 어둠과 싸우며 이 시편들을 번역한 이 땅의 시인도 사라지고, 출판사도 사라진 책. 한 권의 책에 관계된 모든 것이 죽음 저편으로 사라진 뒤에도 오래도록 내 서가에 이 책은 꽂혀 있다. 오월이 오면, 나는 이 책을 다시 뽑아든다. 활자의 룰을 따라 '읽어내기' 위해서가 아니라 '만지기' 위해, 참혹한 어둠속에서 잉태된 낡은 겉장에 손을 얹고 이 책이 나를 때리던 상처의 기억을 향해 손을 내민다. 오늘을 묵상하기 위해, 꿈꾸기를 거세당하지 않고 미래로 돌아가기 위해.

"싸우는 사람들이 일상적으로 이 시들을 읽어주기 바랍니다" 라고 시인 김남주는 쓰고 있다. 책의 초판 발행일인 1988년 8월 그는 9년째 감옥에서 싸우고 있었다. 싸우는 사람들. 어떤 의미

에서 모든 인간은 자기 앞의 생과 싸우는 전사들이다. 꿈꾸기 위해, 자유로워지기 위해, 행복해지기 위해. 삶에 대한 사랑이 유무형의 폭력과 맞닥뜨려질 때 지독한 분노와 증오와 싸움이 촉발된다. 그리하여 시대와 나라는 다르더라도 부조리와 폭압의 현실 앞에 아름다운 전사들이 있었다.

하이네는 쓴다. "거인 안테우스는 그의 발이 어머니인 대지에 닿아 있는 동안에는 막강한 힘을 쓸 수 있지만 헤라클레스가 그를 들어올리자마자 힘을 잃어버리고 말았다. 시인도 마찬가지다. 현실의 대지를 떠나지 않는 한 막강한 힘을 내지만 공상에 빠져 푸른 하늘을 떠돌아다닌다면 그 순간 무력해지고 말 것이다." 브레히트는 쓴다. "내가 사랑하는 사람이 나에게 말했다. '당신이 필요해요.' 그래서 나는 정신을 차리고 길을 걷는다. 빗방울까지도 두려워하면서. 그것에 맞아 살해되어서는 안되겠기에." 네루다는 쓴다. "아픔보다 넓은 공간은 없다. 피를 흘리는 아픔에 견줄 만한 우주도 없다"라고.

너무도 명백한 폭력의 시대가 이 땅을 시시로 훑고 갔다. 진실로 살아 있기를 원했던 많은 사람들이 시대의 이름 앞에 살해당했다. 시인 김남주도 그렇게 죽었다. 이제 우리는 그때를 단지 '그 시절'이라고 부른다. 그러나, 인식하든 그렇지 않든, 냉소의 이름이든 회한이나 야합이나 대중추수의 이름이든, 인간 정신의 점진적 '죽임'은 여전히 계속되고 있다. 누군가는 말했다. 살아남으라고, 살아서 세계의 무의미와 싸워야 한다고. 그러나, 불행히도, 세계는 무의미하지 않은 것이다. 인간이 저질러온 너무도 많은 죄―의미들이 들끓고, 죽을 때까지 싸워도 무의미에 도달할 수 없을지 모른다.

신성한 야만

『그리스인 조르바』 니코스 카잔차키스

나는 조르바를 사랑한다. 그는 육체의 즐거움을 정신의 즐거움으로 도약시킬 줄 아는 놀라운 마법을 지녔다. 이성과 교육으로부터 어떤 수혜도 받지 않은 이 늙은 노동자는 일상적인 남자, 여자, 꽃핀 나무, 냉수 한컵, 빵 한조각도 처음 보는 경이로운 수수께끼처럼 열정적으로 바라보고 만지고 냄새맡는다. 조르바를 거치면 일상의 모든 것이 신성한 야만으로 돌아간다.
 "당신이 바라는 만큼 일해주겠소. 거기 가면 나는 당신 사람이니까. 하지만 산투리(그리스의 현악기) 말인데, 그건 달라요. 산투리는 짐승이요. 짐승에겐 자유가 있어야 해요. 춤도 출 수 있소. 그러나 분명히 말해두겠는데, 마음이 내켜야 해. 나한테 윽박지르면 그때는 끝장이오. 당신은 내가 인간이라는 걸 인정해야 한다 이겁니다." 인간이라니, 무슨 뜻이냐고? 단호하게, 조르바는 말한다. "자유라는 거지!"
 뜨겁고 치열하게 생에 밀착해 있는 자만이 얻을 수 있는 자유. 생의 가장 밑자리까지 질주함으로써 생을 정복하는 조르바의 자유를 나는 사랑한다. 춤추고 싸우고 일하고 산투리를 연주하는, 곡괭이와 산투리를 함께 다룰 줄 아는 손을 가진 조르바는 '야성의 영혼을 가진, 모태인 대지에서 탯줄이 떨어지지 않은 사람'이었다. 『영혼의 자서전』에서 카잔차키스는 고백한다. "내 영혼에 깊은 자취를 남긴 사람을 대라면 호메로스와 부처와 니체와 베르그쏭과 조르바를 꼽으리라. (…) 조르바는 삶을 사랑하고 죽음을 두려워하지 말라고 가르쳤다." 생명에의, 불사(不死)를 향한 힘의 흐름과 파괴에의, 죽음을 향한 힘의 흐름을 한 몸 속에 넣고 너무도 유쾌하게 생을 가로지르는 조르바. 긍지에 찬 모습으로 백정의 춤과 전사의 춤을 추고 있는 조르바. 카잔차키스의 영혼은 '춤추며 싸우는' 조르바를 만나면서 근육질과 뜨거운 피가 가득 찬 심연을 얻었으며, 그 육체성의 뻘 속에서 빛나는 마법의 시간이 무르익는다.

자기 내부에 존재하면서도 자기를 초월해 있는 것을 구하기 위해 평생을 싸웠던 작가 카잔차키스는 『돌의 정원』에서 이렇게 쓴다. "(…) 그리고 우리 식물과 동물과 인간은, 혼례의 행렬에 들어 있는 우리는, 신비스러운 침실을 향해 전율하며 돌진하는 것이다. 우리 하나하나가 혼례의 성스러운 상징을 가지고 간다." 영원한 청년이며 혼례의 신랑인 조르바가 못 박히고 일그러진 손으로 꽃 한송이를 만지듯 섬세하게 산투리의 줄을 고르는 것을 나는 바라본다. 그리고 듣는다. 날마다 죽으라. 날마다 태어나라. 중요한 것은 자유가 아니고 자유를 위한 싸움이다!

침묵해요, 당신의 말을 들을 수 있도록

『침묵의 세계』 막스 피카르트

도심 한복판에서 별안간 당혹스러워질 때가 있다. 휴대전화를 목에 걸고 혹은 귀에 대고 서로를 지나치는 인파 속에서, 무어라 무어라 끊임없이 발신되는 말들의 홍수 속에서, 자동차 소리와 온갖 기계들의 소음 속에서 길을 잃고 허둥거릴 때, 되묻게 된다. 이 넘쳐나는 소리들 속에서 우리는 정작 소리를 잃어가는 것은 아닐까. 침묵으로부터 말을 분리시킴으로써 우리의 언어는 버림받은 고아의 말이 되어가는 것이 아닐까……

도심에서 지쳐 돌아와 막스 피카르트의 『침묵의 세계』를 펼친다. 『침묵의 세계』는 한번에 완독할 필요도 속독할 필요도 밑줄 쳐가며 주석을 달 필요도 없는 책이다. 필요와 효용성이 가치의 우선 척도가 된 오늘날, 아무런 효용성도 생산성도 없는 '침묵'에 대하여 말하고 있는 가장 무용한, 동시에 참으로 유용한 책. '나'라는 덧문이 너무 자주 여닫혀 소란스러워질 때, 아무 문단이나 펼쳐 허공에 띄워놓고 그 느릿느릿하고 절제된 사유가 만드는 아름다운 소롯길을 걷는 즐거움이란! 그러나 그 즐거움의 이면에는 이 지독한 소음의 세계로부터 버림받은 자의, 아니, 철저히 버려져 자유롭기를 원하는 자의 응집된 고뇌가 있다.

그리하여 얻어진 소금결정 같은 말들이 소란스런 내 혀를 각성시킨다. "침묵하는 풍경, 그것은 인간의 얼굴 속에 들어오면 말하는 침묵이 된다. (…) 오늘날 인간의 얼굴에는 어떠한 바다도 산도 없다. 얼굴이 더이상 그것을 받아들이지 않고 자신에게서 밀쳐내버린다. 얼굴에서 나무들이 베어져나가고, 산은 파여 없어지고, 바다는 말라붙었다. 그 텅 빈 얼굴 속에 거대한 도시가 세워졌다." 하나의 페이지를 허공에 띄워놓고, 시간과 사랑과 꿈과 보이지 않는 신의 얼굴을 상상하다가 나는 오래 전 나를 이루었던 바다와 숲이 그리워진다. 자연의 소리가 속삭이던 밀어를 떠올린다. "침묵해요. 당신이 나의, 내가 당신의 말을 들을 수 있도록!"

당신과 나 사이에 웅덩이가 있다. 어떤 말씀, 어떤 행위가 있기 이전부터 존재해온 아득한 심연의 웅덩이 — '침묵의 세계'가 우리 사이에 놓여 있다. 고여 있는, 그러나 내부로부터 부드럽게 유동하는 그 세계로부터 말이 자라나고 말의 봉오리가 벌어진다. 침묵의 웅덩이 속에서 두근거리는 말의 구근. 침묵에 젖줄을 댐으로써 육체를 얻은 인간의 말은 침묵에서 나와 다시 침묵으로 돌아간다. 말의 어머니인 침묵을 경청하는 시간이 우리에겐 얼마나 절실한가. 그리하여, 침묵 자체가 말하게 하는 일! 그러니 내 혀가 창조해야 할 것은 언어가 아니라 침묵일지도 모른다.

꽃병 속의 화엄

『알렙』 호르헤 루이스 보르헤스

사람들은 창이 넓은 집을 좋아한다. 큰 창을 가져볼 기회가 드물었지만 나 역시 커다란 창문이 있는 집을 꿈꾼다. 창은 햇빛과 만나면서 비약적인 매혹의 순간을 낳는다. 창문 앞에 놓인 꽃병 하나를 생각해보자. 오전에서 오후에 이르까지 시시각각 변화하는 빛의 질감과 각도에 따라 꽃병은 제 속에 간직한 무수히 다른 얼굴을 보여준다. 빛과 창의 마술 속에서 꽃병의 형상은 깊은 우물이, 아름다운 여체가, 다알리아 구근이, 주름살 빼곡한 노파의 옆얼굴이 된다. 흙의 질감과 그것을 구워낸 불의 열기가 느껴지고 그 열기가 전해주는 규정할 수 없는 슬픔과 사랑이 '꽃병'이라는 딱딱한 기표를 무화시킬 때, 권태로운 생의 한순간이 돌연 싱싱해진다. 그리하여 나는 창을 사랑하고, 창 앞에 놓인 사물들이 그들에게 규정된 이름과는 다른 얼굴을 보여주는 순간들을 사랑한다. 기표와 기의가 교란되는 순간의 즐거움, 이를테면 오독(誤讀)의 즐거움?!

보르헤스의 소설은 나에게 오독의 즐거움을 만끽하게 한다. 그의 여러 단편집 중 『픽션들』과 『알렙』은 정교하게 세공된 꽃병이 놓여 있는 창을 바라보는 일처럼, 여러번 읽어도 매번 새롭다. 그 즐거움의 어느 굽이에서 나는 돌연 머릿속이 텅 비는 서늘함을 느끼고, 그 자체로 '미궁'인 세계의 다양한 이면들과 만난다.

그의 소설에는 신, 영원, 우주, 시간과 신비라는 형이상학적 주제가 넘쳐나지만 그가 보여주는 형이상학의 세계는 고답적이지 않다. 개념적이고 논리적인 사유로는 도달할 수 없는, 직관과 상상력으로 육박해가는 '알 수 없는' 존재의 '알 수 없는' 근원. "그리고 나는 '알렙'을 보았다. (…) '알렙'의 직경은 2 또는 3센티미터에 달할 듯싶었다. 그럼에도 불구하고 크기의 축소 없이 우주의 전공간이 그 안에 들어 있었다. 하나의 사물은 무한히 많은 사물이었다. (…) 나는 모든 각도에서 '알렙'을 보았고, '알렙' 속에 들어 있는 지구를 보았고, 다시 지구 속에 들어 있는 '알렙'을 보았다. 나는 나의 얼굴과 내장들을 보았고, 너의 얼굴을 보았다."

죽은 애인의 사촌 집 지하실에서 발견한 알렙은 동전 크기만 한 무한 시공체이다. 터무니없는 상상이라고? 때로는 터무니없는 상상력이 그 '터무니없음'의 힘으로 '어떤' 진실에 육박해가는 법이다. 알렙을 발견하는 순간의 행간을 읽어가면서, '일중

일체다중일(一中一切多中一, 하나 속에 일체가 있고 모든 것 속에 하나가 있다)'을 말한 동방의 현자를 떠올리는 것은 내 오독의 편향일까. 꽃병 속에 화엄이 있고 당신의 얼굴 속에 알렙이 있다.

생의 매순간은 생의 전부이다

『빈센트, 빈센트, 빈센트 반 고흐』 어빙 스톤

겨울 전등사에 갔다가 소나무 밑둥치에 붙어 있는 매미 유충의 껍질을 보았다. 검지 한마디만한 바싹 마른 얇은 껍질에는 여섯 개의 발이 오롯하게 남아 나무껍질 틈새에 단단히 발톱을 박아넣고 있었다. 오랜 시간 땅속에 머물다 지상에 나온 어느날 자신의 등을 가르고 여름햇살 속으로 날아올랐을 매미는 짧디 짧은 생의 시효를 다하였을 것인데, 겨울바람 속 메마른 껍질 하나가 증거하는 생의 흔적이 아찔하다.

차갑고 어두운 겨울숲 밑자리, 매미 유충의 껍질로부터 돌연 끼쳐오는 빛과 열기의 폭풍. 나는 고흐를 떠올린다. 그가 그려낸 해바라기와 붓꽃과 아를르의 지글거리는 태양과 타는 밀밭, 꿈틀거리는 나무들엔 또다른 빛이라고 할, 어둠이 스며 있다. 그의 화폭에서 터져나오는 자연의 광휘는 지독히 인간적인 통증으로부터 피어난다. 우리가 '예술혼'이라고 칭할 수 있는 것이 있다면 그것은 삶으로부터 분리된 예술에 대한 이상화된 열망이 아니라 벼랑 끝에 부려진 생의 매순간을 끌어안아 창조의 힘으로 전이시키는 견인주의의 다른 이름일 것이다.

어빙 스톤이 이 책에서 그려내고 있는 고흐의 생애가 감동적인 것은 바로 이 때문이다. 그는 고흐를 위대한 예술혼을 '부여받은' 천재화가로 이상화하지 않는다. 한 인간으로서, 사랑하고 사랑받기를 원했고 어둡고 가난한 땅에서 소외된 이들과 희로애락을 함께하길 원했으며 굶주림과 외로움, 때로 배신감으로 절망하는 고흐의 맨얼굴을 보여준다. "난 태양을 그릴 땐 태양이 무시무시한 속도로 회전하는 것을 느끼게 해주고 싶어. 보리밭을 그릴 땐 보리알 안에 든 원소 하나하나가 영글어 터지는 최후의 순간을, 사과를 그릴 땐 사과의 즙이 표피를 밀고 나오려는 것을, 중심에 있는 사과씨들이 그 자신의 결실을 맺기 위해 몸부림치는 것을 느끼게 만들고 싶어." 절망과 희망이 깍지 끼고 자신을 밀어가는 '산것'들의 치열한 리듬—운동성이야말로 최초이자 최후의 생의 조건 아니던가.

고흐가 처음 그림을 그린 때로부터 자살로 생을 마감하게 되기까지의 9년 동안 그가 남긴 그림은 879점이었다. 1년에 거의 100점의 그림을 그린 셈인, 화가로서의 그의 지상의 9년은 그 무시무시한 열기만으로도 자신을 내파(內破)하기에 충분했다. 그리고 또 그리면서, 그를 이해한 유일한 벗이었던 동생 테오에게 고흐는 쓴다. "어디까지가 습작화이고 어디부터가 본격적인 회화인지 잘라말하긴 어려워. 그저 할 수 있는 대로 많이 그리고, 결점도 갖고 우수함도 가진, 있는 그대로의 자신이 되기로 하자."생의 매순간은 생의 전부이다. 영원이란, 찰나에서 찰나로 거듭나는 생의 매순간이다.

사랑을 하러 나는 날마다 이 별로 온다

『창백한 푸른 점』 칼 쎄이건

고등학교 1학년 지구과학 시간이었다. 암청빛 칠판에 선생님이 분필로 작은 점 하나를 '꽝' 찍었다. "이것이 지구다!" 맙소사, 저 작은 점 속에 깃들인 숱한 생명 중의 하나가 '나'라니! 호명할 수 있는 태양계의 별들을 모두 그려넣어도 칠판 한구석에 동전 크기만하게 옹크린 저 세계 속에 내가 있다니! 칠판이라는 우주 위에 작은 점 하나로 치환되어 나타난 지구는 열여섯의 나를 미열에 시달리게 했다. '나'를, '인간'을, '지구'를 중심에 놓고 사고하는 데 길들여진 내게 암청빛 칠판이 보여준 거대한 우주는 어떤 막연한 두려움과 설명할 수 없는 슬픔과 그리움을 동시에 가져다주었던 것 같다.

천문학자 칼 쎄이건의 『창백한 푸른 점』은 우리가 일상의 속도 속에서 잃어버린 우주에의 꿈을 복원시킨다. 동시에 이 광대한 우주 속에서 '나'란, '인간'이란 무엇인가의 화두를 던진다. 또다른 그의 저서 『코스모스』에서 비유하고 있는 바, 약 150억년의 나이를 가진 우주의 역사를 달력의 1년으로 줄인다면 지구의 탄생은 9월 중순 어느날 일어난 사건이며 그후 10일쯤 지나 최초의 생물이 싹트며 인간의 조상이 불을 사용하게 된 것은 12월 마지막 날의 마지막 15분 정도에 지나지 않는다고 한다.

지구가 탄생하기 훨씬 전에 무수한 별들이 있었고 인간이 탄생하기 전에 무수한 생물들이 이 별의 주인이었음에도 불구하고 우리는 지구를 중심으로 우주가 존재하고 있는 듯한, 인간을 중심으로 뭇생명들이 존재하고 있는 듯한 착각에 종종 빠진다. 우리가 속해 있는 은하가 수천억을 헤아리는 수많은 은하들 중의 하나일 뿐이라는 사실, 이 평범한 우리 은하 속에만도 4천억 개 가량의 별들이 존재하며 그 가운데 지구는 극히 미미한 '창백한 푸른 점'에 지나지 않는다는 사실 앞에서 경쟁과 정복과 착취로 얼룩져온 인간의 역사는 무슨 의미일지. 이 작은 점 위에 빼곡하게 구획된 지독히 인간중심적인 영토들—인종, 국가, 민족, 지역과 가족의 성곽이 서로를 경계하며 벌이는 아귀다툼은 무엇을 향해 가고 있는지. 사랑하기에만도 우리에게 허락된 시간은 너무도 짧다.

별을 바라보자. 저 무한의 빛들이 지지배배거리며, 자그락거리며, 몸 비비는 소리를 들어보자. 우리가 머무는 이 찰나의 순간에 닿기 위해 무수한 별들의 몸을 스쳐 수십, 수백만 광년을 달려온 저 별빛. 어쩌면 저 별은 시간의 터널을 통과해 내게 닿는 사이 이미 죽어버렸을지도 모른다. 오래 전 죽은 별이 오늘의 내게 보내오는 속삭임. 사랑하라…… 사랑하라…… 사랑을 하러, 나는 날마다 이 별로 온다.

상처의 환생

『섬』 장 그르니에

살아가면서 우리는 크고 작은 상처를 입는다. 타인에 의해 생긴 것이든 내 속의 무수한 나에 의해 생긴 것이든, 상처는 우리의 '살아 있음'을 증거하는 물질성이며 환영(幻影)이다. 가장 권태로운 삶 속에서도 상처는 끊임없이 환생한다. 살아 있으므로, 우리는 상처의 영혼을 불러내고 치유를 위한 비나리를 거듭할 수밖에 없는 저주받은 운명이자 선택받은 존재들인 셈이다.

  일상의 어느 결에서 문득 상처가 만져질 때, 한권의 책이 나를 치유하는 경험은 얼마나 경이로운 것인지. 상상력을 자극한다거나 새로운 지식을 준다거나 정신을 각성시키고 들끓게 하는 좋은 책은 종종 있으나 마음의 상처를 치유하는 책은 그리 많지 않다. 장 그르니에의 『섬』은 내 상처의 덧난 자리에 고요하고 부드럽게 입을 맞춘다. 치장이 없는 맨얼굴로, 말보다는 침묵으로, 섬세하지만 결코 도망가는 법 없이 섬의 뿌리가 나의 환부에 닻을 내린다. 그 순간, 뿌리와 환부가 만나는 그 순간이 그르니에의 글에서는 인식과 사유 이전에 영혼에 직접 손을 내미는 방식으로 온다. 그런 의미에서 이 아름다운 에쎄이들은 '문학적'이기보다는 '음악적'이다.

그리하여 나는 선율을 읽듯, 내 젊은날의 어느 캄캄한 모퉁이를 지날 때 주문처럼 떠오르던 아름다운 멜로디를 읊조려보는 것이다. "나는 혼자서, 아무것도 가진 것 없이, 낯선 도시에 도착하는 것을 수없이 꿈꾸어보았다. 그러면 나는 겸허하게, 아니 남루하게 살 수 있을 것 같았다. 무엇보다도 그렇게 되면 '비밀'을 간직할 수 있을 것 같았다."

나는 샤먼이 되어, 내가 기억할 수 없는 아득한 미래의 어머니가 되어, 몇개의 문장을 입속에서 굴려본다. 말들의 틈에서 유연하게 파동치며 배어나온 빛살이 내 혀끝에 둥근 환약 한알을 올려놓는다. 나는 머뭇거리며, 마침내는 주저없이 그것을 받아 삼킨다. 아, 내가 상처라고 믿었던 것들의 영원한 홍취와 덧없음이라니! 나는 애초에 상처로 지어진 집이며 그리하여 새로이 얻은 상처란 없는 것이다.

세계의 헛됨을 아는 그르니에의 문장이 만드는 지극히 아름다운 울림 속에서 나는 느릿느릿 산보를 한다. 가장 일상적인 것들이 보여주는 낡음 속에서 빛나는 '공(空)'의 매혹. '비어 있음'은 슬픔도 쓸쓸함도 그 무엇도 아닌 것이며, 아무것도 아닌 그 무엇인가의 힘으로 우리는 다시 세상을 껴안는다. "나는 저

꽃이에요. 저 하늘이에요. 저 의자예요. 나는 그 폐허였고 그 바람, 그 열기였어요." 그르니에가 사랑한 고양이 물루가 창틀에 턱을 괴고 속삭이듯이.

열린 정신들

「유마경」

"거사님, 이 병은 무엇으로 인하여 일어났습니까?" "일체중생이 병들었으므로 나도 병들었습니다. 만약 모든 중생이 병에 걸리지 않을 수 있다면 그때 나의 병도 없어질 것입니다."

오래 전 내가 유마힐에게 매혹된 것은 문학서나 철학에쎄이들에 간혹 인용되던 이 문답 때문이었다. 그것은 어떤 '통증'을 동반한 매혹을 불러일으켰으며 동시에 인간의 존재론적 비극성을 환기하는 전언이기도 했다. 그때 내가 상상했던 유마힐은 일체의 생명 가진 것들의 고통에 민감하게 동참하고 함께 아파하는, 섬세한 영혼의 시인이자 대속자의 이미지였다.

그리고 실제로 이 경을 읽게 되었을 때, 나는 또다른 빛깔의 유마힐을 만났다. 스스로 최고 경지의 불법을 얻었으면서도 재가신도로 남아 중생이 앓는 병을 함께 앓으면서 중생을 제도하고자 한 유마힐은 자기의 방에 수많은 방을 들인 광장의 구도자였다. 다른 경전들이 보이는 비교적 순연하고 온건한 말하기 방식이 아니라 쾌도난마하는 논객이며 자유분방한 비판자로서의 유마힐. 그는 어떤 보살의 권위에도 주눅들지 않고 심지어 붓다 앞에서조차 논리정연한 설법과 영감에 가득 찬 게송을 노래할 줄 안 자유로운 철인(哲人)이었다.

『불가사의해탈법문』이라는 다른 이름을 갖고 있는 이 유쾌하고 판타스틱한 불경은 『천일야화』만큼 재미있고 『우파니샤드』만큼 상서로운 기운으로 가득 차 있다. 동시에, 듣고 읽는 이로 하여금 의외의 친밀감을 경험하게 한다. 이는 아마도 이 경전이 대승불교의 사상 위에 성립된 것이라는 역사적 맥락과 연결될 터이지만, 신보다는 인간에 가까운, 이미 깨달은 자보다는 깨달음에 들고자 소망하는 이들에 대한 공경의 자세를 품고 있기 때문일 것이다. 여러 종교의 많은 경전들이 인간의 상상력의 문학적 보고라고 할 수 있지만 『유마경』은 인간사의 다양한 곁가지들에 대한 독특한 상상력을 촉발시킨다. 이를테면 지혜의 상징인 문수사리와 유마힐이 벌이는 문답과 토론의 장에서 나의 사회학적 상상력은 경중경중 시공을 건너뛰어 철학의 황금기를 구가하던 옛 그리스의 아크로폴리스로 건너간다. 자유분방한 비판과 토론의 문화 속에서 비옥하게 영글던 언어의 열매들과 절대권위에 물음표를 던지는 열린 정신들이 그립고, "그대는 어찌하여 여자의 모습을 바꾸지 않는가"라고 묻는 사리불에게 남녀를 차등지어 분별하는 그릇된 분별심을 깨닫게 하는 천녀의 설법이 또한 통쾌하다.

 '번뇌가 곧 깨달음이며 생사가 곧 열반'인, 번뇌를 품은 일체 중생의 몸을 부처의 씨앗으로 귀히 여기는 지극하고 도저한 정신들이 그립다. "'님'만 님이 아니라 기룬 것은 다 님이다"라고 쓴, 설산의 고독과 광장의 싸움을 온몸으로 실천한 만해의 눈빛처럼.

고치를 뚫고 나오는 나비처럼

『어느 청년 노동자의 삶과 죽음: 전태일 평전』

모란공원에 간다. 그곳엔 내가 태어나던 해에 죽은, 아직도 스물두살인 전태일이 있다. 그리고 문익환, 박영진, 박래전, 성완희, 문송면, 김귀정, 조영래…… '민주열사 묘역'에 들어서는데 낯익은 노랫소리가 들려온다. 창살 아래 네가 묶인 곳 살아서 만나리라. 밥이 되지 않고, 알콩달콩 생활의 잔재미를 북돋우지도 못하는 '기억'을 더듬으며 저들과 나는 왜 이곳에 오는가. 5월과 11월이면 밀린 부채를 탕감하듯 나는 왜 서둘러 묘지를 찾는가. 묘지 부근에서 유독 살지게 자라는 나무들. 붉은 손바닥으로 하늘을 움켜쥔 적단풍나무 줄기에 이마를 댄다. 어떤 꿈을 덜고 어떤 꿈을 더하러 우리는 묘지로 오는가……

고백하건대, 어떤 '책'을 읽고 눈물 흘려본 기억이 있다면 내겐 이 책이 유일하다. 그것은 좋은 책이라든지 감동적인 책이라든지의 범주를 넘어선, 날것 그대로의 아픔과 분노가 촉발시킨 눈물이며 그때의 눈물은 카타르씨스의 둥근 포용성이 아니라 날카로운 예각으로 나의 내부를 찢으며 온다. 어린 스물에 『어느 청년 노동자의 삶과 죽음』은 그렇게 와서 내 바깥의 '나들'을 깨닫게 하고 인간에 대한 예의와 '인간적인'이라는 말이 빚는 빛과 그늘의 웅덩이를 들여다보게 하였다.

"이 결단을 두고 얼마나 오랜 시간을 망설이고 괴로워했던가. 나는 돌아가야 한다. 불쌍한 내 형제의 곁으로, 내 마음의 고향으로…… 내 이상의 전부인 평화시장의 어린 동심 곁으로. 나를 버리고, 나를 죽이고 가마. 조금만 참고 견디어라. 너희들의 곁을 떠나지 않기 위하여 나약한 나를 다 바치마." 초등학교조차 졸업할 수 없었던 삶의 조건 속에서 전태일이 남긴 빼곡한 일기 속에는 인간에 대한 절망과 분노와 탐구와 희망과 고통받는 어린 생명들에 대한 지극한 사랑이 있다. 지극한 사랑을 품은 댓가로 그는 스물두살의 나이에 분신 산화하였다. 1970년 11월 13일. 그리고 시작되었다. 그 이전엔 아무도 말하지 못했던 '노동자'의 대자적 인식이, 인간의 조건을 각성한 '노동운동'의 격류가.

우리는 흔히 '평균적'으로 살 만해졌다고 말한다. 그러나 모두가 배불러도 단 한명의 굶주린 이가 있다면 이것은 잘못된 일이다. 바로 이 땅에서, 가까이 북녘에서, 몸팔러 고향을 떠나온 이국의 노동자들 속에, 제3세계에 가해지는 숱한 폭력과 착취 속에, 이 막돼먹은 세계 속에 순연한 '긍정'이 놓일 자리는 불행히도 없다. '자기부정'과 '부정'을 '부정'하여 도달한 '긍정'의

좁은 문이 있을 뿐. 고치를 뚫고 나오는 나비처럼, 스스로를 태운 재 속에서 다시 생명을 얻는 전설의 새처럼.

그리고 우리는 돌아간다

『활과 리라』 옥따비오 빠스

우리는 한때 누구나 시인이었다. 엄마를 기다리며 홀로 흙장난을 하거나 밤하늘의 별을 쳐다보며 흥얼거리던 어린시절의 뜻모를 노래들, 젊은 시절의 흥분과 신열과 외로움 속에서 한번쯤 끄적거려본 시의 추억이 누구에게나 있으리라. 하이데거를 빌리면, 우리의 최초의 시는 '존재'이다. 물적 가치가 세상을 지배하게 되면서 언제부턴가 '시의 위기'니 '시의 죽음'이니 하는 말들이 우리 곁을 배회하고 있다. 시가, 시정신이 죽을 때, 존재의 시간도 사라진다. 어쩌면 빵만으로도 살아갈 수는 있을 것이다. 그러나 영혼의 갈증이 해갈되지 못하는 정서적 기근, 영혼의 빈사상태에서 '인간의 시간'은 '사육장의 시간'과 어떻게 변별될 것인가.

옥따비오 빠스의 『활과 리라』는 시에 대한 진지한 구도적 자세와 열렬한 옹호로 웅숭깊은 빛깔을 만든다. 그의 문장들은 아름답고 적확하며 무엇보다 열려 있다. 언어들끼리도 사랑하고 미워하고 질투하고 배반한다. 언어의 오욕칠정이 그들 내부의 리듬을 타면서 때로 격렬하고 때로 침착하게, 춤을 추듯 사유를 완성한다. 『활과 리라』는 시론서이지만 철학에쎄이에 가깝고 시인으로서의 자기정체성을 탐구해가는 고독한 일기에 가깝다.

빠스는 인간 존재의 내면적 고뇌와 시대적 사명이라는 외적 고뇌를 어떻게 조화시킬 것인가의 문제를 끈질기게 추구하였다. 중남미 순수―참여 논쟁의 도상에서 그는 외견상 순수문학에 가까웠지만 창백한 문학주의가 아니라 내·외적 소명의 상생(相生) 가능성에 대한 집요한 탐구를 멈추지 않았다.

또한 그는 '창조적 광기'와 '예술적 치기'를 혼동하지 않는다. 일천한 예술풍토에서 남발되기 십상인 '기인 콤플렉스'가 그에게는 없다. 다소 고루해 보일 만큼의 진지함과 성실성으로 평생을 거쳐 고민하고 공부하고 스스로에게 질문을 던졌던 그에게는 순간의 재기와 피상적 열정으로는 도달할 수 없는 '섬세한 뚝심' 같은 것이 있다. 그 뚝심은 시와 인간에 대한 지극한 공경으로 얻어진 영성(靈性)의 언어를 얻는다.

예술은 일종의 텃세다. 이때 텃세라는 것은 자폐적 유기의 공간이 아니라 한 시인이 운명지어진 시공간의 문화적 토양으로부터 최고의 시적 자양분이 길어올려질 수 있다는 의미이다. 고대 멕시코인들의 우주관을 표상하는 아스떼까 문명의 캘린더로부터 영감을 얻은 빠스의 시 「태양의 돌」은 가장 민중적인 것으로부터 발현하여 시공을 확장시키는 예술적 코즈모폴리터니즘을 경험하게 한다. "시는 앎이고 구원이며 힘이고 포기이다. (…) 시는 이 세계를 드러내면서 다른 세계를 창조한다." 그리고 우리는 돌아간다. 영원을 향해 던져진 존재들인 우리들의 집으로.

불꽃의 혀

『촛불의 미학』 가스똥 바슐라르

　보송보송한 잎눈을 매단 겨울 목련나무 아래에서 오래도록 서성거려본 이들은 알 것이다. 가장 헐벗었다고 생각하는 겨울에, 나무들이 가장 뜨겁게 타오른다는 것을. 가지마다 낱낱의 불꽃을 매단 거대한 촛불들이 대지로부터 퍼올린 빛의 원소들을 궁글려 어떻게 사랑의 밀어를 속삭이는지, 서로의 벗은 잔등에 어떻게 불꽃의 혀를 대는지. 생산의 노동을 잠시 쉬는 겨울에 나무들의 유쾌한 폭발은 더욱 생생해진다. 일찍이 바슐라르가 "직립하고 있는 모든 것은 하나의 불꽃이다"라고 말할 때, 그 말에 스며 있는 따스한 온기가 대지를 어루만지며 낚아올리는 그 모든 두근거림들. 몽상의 소롯길에서는 가장 미천한 물질의 미동도 대우주의 드라마와 연결된다. 그리하여 놀라는 불꽃, 괴로워하는 불꽃, 우는 불꽃, 기뻐 소리치는 불꽃들은 낱낱이 한 편의 시가 아닌가.
　바슐라르가 초대하는 몽상의 산책길에 동참하는 일은 즐겁다. 그의 사유는 과학철학의 객관성으로부터 출발하지만 어린 아이처럼 엉뚱하다. 그 엉뚱한 상상력은 나의 오감을 깨우며 주위에 차고 넘치는 충만한 비밀들에 귀기울이게 한다. 모든 사물들이 저마다 다르게 풍기는 냄새들 속에서 인간적 오류들이 천진하게 드러나며, 돌연, 살아 있다는 것이 즐거워지는 기이한 체험. 인간은 불완전자이기 때문에 행복하다고 믿는 바슐라르의 행복한 인간관은, 인간의 불완전성에 대한 연민어린 사랑 속에서 빛나는 몽상의 율동을 낳는다.

그리하여, 우주를 이루는 근원질료인 물, 불, 공기, 흙으로부터 시작되는 바슐라르의 몽상은 정신의 산물인 과학적 인식으로부터 혼의 산물인 시로 비상한다. 그의 문학적 상상력의 서장이던 『불의 정신분석』으로부터 세상을 떠나기 직전에 내놓은 『촛불의 미학』에 이르기까지, 전대의 모든 철학자들을 통틀어 바슐라르처럼 열렬하게 시를 옹호한 사람이 있었던가. 춤추는 몽상은 몽상의 물질성에 젖줄을 대며 그 풍요로운 젖줄기는 역동적으로 흐르고 치솟으면서 모든 것을 깨어나게 하는 혼의 춤, 시를 얻는다.

자기 내면의 표출이 자연스럽게 일어나는 그의 글들은 아름다운 틈새를 가지고 있다. 특히 이 책『촛불의 미학』엔, 이전의 저작들이 보여준 시적인 것과 분석적인 것의 균형감각을 스스로 파기한 기우뚱한 자유로움이 있다. 이 마지막 책에서 그는 거의 모든 철학적 과학적 분석틀로부터 벗어나 단지 꿈꾸는 한 선량한 자연인이 된다. 그가 빚어내는 틈새를 몽유하면서 나는 세계를 이루는 물질적 질료들이 저마다의 추억을 끌고 미래에서 과거로 비상하는 것을 바라본다. 그들에 대해 꿈꾸기를 원하는 하나의 불꽃, 한줌의 공기가 내게 말을 걸어올 때 그들의 말을 알아들을 준비를 하면서.

거미야, 거미야

『백석시전집』

더디게 걷는 엄동설한이다. 추위에 잔뜩 움츠러들어 하릴없이 방바닥을 쓸다가, 언젠가 선물받은 다갈빛 자그만 오지항아리 옆에서 내 손이 멈칫한다. 여릿하고 길쑴한 다리를 가진 거미 한마리. 시린 바깥에 아주 내어놓지는 못하고 이중 창문의 창틀 사이에 놓아주었다.

세수를 하고 돌아와 무심히 눈길을 준 오지항아리. 장을 담글 수도, 물항아리로 쓸 수도 없어 작은 방 한구석에 장식용으로 놓아둔 항아리 옆에서 길쑴한 다리의 거미 한 마리가 곰스락거리고 있다. 뭘까…… 이 인연은. 아까 그 거미 같기도 하고 좀 더 작은 듯도 한, 어미와 새끼거나 부부거나 동기간일 수도 있는 그를 아까의 창틀 부근에 다시 올려놓아주며 내 가슴 밑자리가 싸아하니 아파온다. 그가 서로 다른 거미가 아니라 한마리의 거미라면 오지항아리를 빚어낸 흙의, 이제는 기억할 수 없는 아득한 온기가 그를 자꾸 이 자리에 맴돌게 하였을까. 나는 문득 백석의 시 「수라」를 떠올린다.

"거미새끼 하나 방바닥에 나린 것을 나는 아모 생각 없이 문 밖으로 쓸어버린다/차디찬 밤이다//어니젠가 새끼거미 쓸려나 간 곳에 큰거미가 왔다/나는 가슴이 짜릿한다/나는 또 큰거미 를 쓸어 문밖으로 버리며/찬 밖이라도 새끼 있는 데로 가라고 하며 서러워한다//이렇게 해서 아린 가슴이 싹기도 전이다/어 데서 좁쌀알만한 알에서 가제 깨인 듯한 발이 채 서지도 못한 무척 적은 새끼거미가 이번엔 큰거미 없어진 곳으로 와서 아물 거린다/나는 가슴이 메이는 듯하다/내 손에 오르기라도 하라고 나는 손을 내어미나 분명히 울고불고할 이 작은 것은 나를 무서 우이 달어나버리며 나를 서럽게 한다/나는 이 작은 것을 고히 보드러운 종이에 받어 또 문밖으로 버리며/이것의 엄마와 누나 나 형이 가까이 이것의 걱정을 하며 있다가 쉬이 만나기나 했으 면 좋으련만 하고 슬퍼한다."

60년도 더 전에 백석에게도 '서러워한다' '가슴이 메이는 듯 하다' '슬퍼한다'는, 에돌아갈 수 없는 직서의 표현으로밖에는 달래지 못할 가슴 먹먹한 밤이 있었나보다. 삶의 어느 순간에 불현듯 현현하는 체험적 진실 앞에서 인간의 언어는 가장 소박 하여지고 그 소박한 진술은 아찔한 운명의 예감으로 서늘해진 다. 백석이 우리 시사에 가장 아름다운 그늘을 드리운 시인 중 하나라면 그것은 자기 삶의 체험으로부터, 그 체험의 소소한 변두리에 놓인 모든 산것들에 대한 지극한 연민을 지닌 시인이기 때문일 것이다.

그리하여 모닥불 속에서 '불쌍하니도 몽둥발이가 된 슬픈 역사'를 읽어내는 습기 많은 눈으로 그가 내게 말을 건네온다. "가난하고 외롭고 높고 쓸쓸하니 그리고 언제나 넘치는 사랑과 슬픔 속에 살도록 만드신 것이다"라고.

괴로운 책읽기

「이와 같이 나는 들었노라」 마이다 슈이찌

모골이 송연해진다,라는 말이 있다. 비슷한 정황에서 자주 쓰이는 소름끼친다,라는 말이 덩어리로서의 육체성을 환기한다면 앞의 말은 터럭과 뼈가 환기하는 바늘끝 같은 정신의 각성에 밀접해 있다. 어떤 책을 읽을 때, 모골이 송연해지는 느낌을 받게 된다면 그 독서는 즐거운가 괴로운가. 일테면, "진리는 다만 적으로, 부정하는 자로 나타난다. 벗으로, 인정해주는 자로는 결코 나타나지 않는다. 진리는 악마 같은 무엇이다. 만일 그것의 악마성을 인식하지 못한다면, 진리의 한쪽 면만 보고 그것의 파괴적인 성격을 보지 못한다면, 당신은 진리를 잘못 알고 있는 것이다"라는 구절을 만날 때 나는 모골이 송연해진다. 또한 "무념무상의 선정에 들어 무(無)를 경험할 수 있다고 한다면, 그보다 더 그릇될 수는 없는 일이지요"라는 일갈을 만날 때, 관습적 인식의 안이함 속에 있던 내 정신은 고통스럽게 깨어난다.

나를 괴로운 책읽기에 직면하게 하는 『이와 같이 나는 들었노라(如是我聞)』는 저자인 일본의 불교사상가 마이다 슈이찌가 스승 아께가라수 하야 스님과의 만남을 통해 얻은 깨달음을 담고 있는 얇은 책이다. 내용도 내용이거니와 몇가지 이채로운 것은 이 책의 번역자가 이 아무개라는 필명을 쓰는 목사라는 것과, 우리말 번역이 활자화되지 않고 필사체를 그대로 복사하여 제본되었다는 것이다. 디지털시대에 잡음이 묻어나는 LP판을 그리워하듯이, 인쇄기술의 범람 속에서 옮겨 적은 이의 손끝 힘이 그대로 느껴지는 책을 만난다는 것은 여간한 감흥이 아니다. 또한 갈수록 이기적으로 구획되는 종교간 아성을 무화시키며 오직 진리 앞에 '홀로 선 사람' — 내적 자유를 찾는 구도자로서 조우한 저자와 역자는 그 자체만으로도 인간의 종교가 꿈꿀 수 있는 아름다운 실루엣을 엮어낸다.

　마이다는 이 책에서 선생과 학생의 만남을 통해 구현되는 엄정한 구도의 세계를 보여주는데, 이는 학문·예술·인간관계의 제영역에서 '참됨'을 향해 나아가고자 하는 모든 인간적 몸짓의 기본자리이기도 하다. "무상의 진리가 배어든 진정한 스승은 참된 학생 — 완전한 학생이었다. 그들 가운데 누구도 선생을 자처하지 않았다"라는 말은 얼마나 두려운가. 적당한 사회적 '네임밸류'를 얻고 나면 그 '적당함' 속에서 자기현시적 권위주의에 발목잡혀 속물적 타협에 이르곤 하는 우리의 정신은 얼마나 유약한가. "사람을 의지처로 삼지 말아라. 오직 다르마(法)를 의

지처로 삼아라"라는 붓다의 말은, 지연과 학연과 혈연의 그 모든 연고주의의 계보로부터 한발짝도 자유롭지 못한 우리의 현실 속에서 얼마나 아픈가.

   때로 괴로운 책읽기가 필요하다. 모골이 송연해지는 어떤 두려움이 문득 내 영혼을 찔러오고, 나는 듣는다. 홀로 선 자의 길을 가라. 혼자서 가거라.

물밑에 달이 열릴 때

초판 1쇄 발행/2002년 3월 20일
초판 2쇄 발행/2016년 11월 9일

지은이/김선우
펴낸이/강일우
편집/유용민 염종선 문경미 김명재
펴낸곳/(주)창비
등록/1986년 8월 5일 제85호
주소/10881 경기도 파주시 회동길 184
전화/031-955-3333
팩시밀리/영업 031-955-3399 · 편집 031-955-3400
홈페이지/www.changbi.com
전자우편/lit@changbi.com

ⓒ 김선우 2002
ISBN 978-89-364-7075-3 03810

* 이 책 내용의 전부 또는 일부를 재사용하려면
  반드시 저작권자와 창비 양측의 동의를 받아야 합니다.
* 책값은 뒤표지에 표시되어 있습니다.